西南大学学科建设经费专项资助

U0657154

西南大学工商管理学科建设系列丛书(第二辑)

A Theoretical and Empirical Research
on National Audit Accountability Mechanism
from the Perspective of National Governance

基于国家治理的国家审计问责机制：
理论与实证研究

崔雯雯　著

西南师范大学 出版社

国家一级出版社 全国百佳图书出版单位

图书在版编目（CIP）数据

基于国家治理的国家审计问责机制：理论与实证研究 / 崔雯雯著. 一 重庆：西南师范大学出版社，2020.12

ISBN 978-7-5621-9833-8

Ⅰ.①基… Ⅱ.①崔… Ⅲ.①政府审计-责任制-研究-中国 Ⅳ.①F239.44

中国版本图书馆CIP数据核字(2019)第105105号

崔雯雯 ·著·

基于国家治理的国家审计问责机制：理论与实证研究

JI YU GUOJIA ZHILI DE GUOJIA SHENJI WENZE JIZHI LILUN YU SHIZHENG YANJIU

责任编辑	廖小兰
责任校对	李　勇
排　　版	吴秀琴
出版发行	西南师范大学出版社
	网址　www.xscbs.com
	地址　重庆市北碚区天生路2号
	邮编　400715
经　　销	全国新华书店
印　　刷	重庆荟文印务有限公司
幅面尺寸	170mm×240mm
印　　张	10.5
字　　数	216千字
版　　次	2020年12月 第1版
印　　次	2020年12月 第1次印刷
书　　号	ISBN 978-7-5621-9833-8
定　　价	48.00元

前言

  国家治理的基本目标是促进政府作为代理人履行公共受托责任,尽可能多地为社会公共利益而不是个人利益服务。然而,人具有理性经济的属性,在公共利益和私人利益面前,一定会选择对自己利益最大的机会和方案。在这种情况下,需要建立一种制度,通过监督、激励的方式使政府人员尽可能多地促进国家治理目标的实现。国家审计,其基本目标是监督、确保和评价政府的责任,在现代国家治理当中是一项重要的制度安排。

  然而,在现实中,国家审计长期饱受着"屡审屡犯"的诟病。审计报告年年出,但是有些被审计单位的问题年年犯,审计工作常常陷于拉锯战,引发了公众的不满,严重损害了国家审计的权威性和政府公信力。在此背景下,如何完善国家审计问责机制成为国家治理的一个重要课题。

  完善国家审计问责机制,首先需要清楚国家审计如何实现问责、如何服务国家治理,并在此基础上了解目前国家审计问责机制发挥的效果,针对效果不佳的领域分析其原因,最后才能针对性地提出改进和完善的建议。

  按照这一思路,本书首先对国家审计发挥问责功能和服务国家治理的过程进行理论分析。"机制"一词有两个层面的含义:机体由哪些要素组成;机体如何工作和为何这样工作。除要素机制以外,国家审计问责机制还需要回答"国家审计问责如何实现国家治理目标"以及"国家审计如何实现问责"这两个问题,现有文献对这两个问题的研究比较缺乏。

  国家审计能够发挥问责功能,是讨论"审计问责如何服务国家治理"的前提和基础。问责有两个最基本的要素:信息和处理处罚。审计处罚使当事人和其他人吸取教训,警钟长鸣;然而处罚并不是最终目的,审计能够发现共性问题背后的体制、制度性缺陷,提出改进建议,防止再次出现类似问题,做到防患于未然,并为政策的制定和改进提供信息保障。

  审计问责服务国家治理,首先是基于对"人"行为的影响。政府是理性经济人的组合,信息不对称、违法违规成本低、文化和制度约束不力为政府经济人不顾公共利益追求个人利益提供了外在条件,需要从信息透明和信息决策有用性、处罚心理威慑的角度促进人行为的改进。审计问责通过信息和处罚两种功能对人的行为产生积极的影响,不仅如此,还能够影响文化和制度环境,奠定影响国家治理的主体——"人"之行为的基础。

审计问责与国家治理发生关系,不能直接作用,而是间接作用于影响经济、政治和社会治理效果的政府行为。离开政府行为这一媒介,审计问责发挥作用将无从谈起。首先,审计问责与经济治理相关,最主要是通过保障政策的有效制定和落实来实现的。其次,政治治理中最重要的是对权力的控制,权力是政府经济人获取利益的基础。审计问责对人的行为和道德进行监督,权力的笼子不是审计设计的,但是,审计要确定权力是否留在笼子里。最后,社会治理中,政府的信息公开是核心。信息交流不畅阻碍了公众和政府之间的沟通,不利于公众参与实现。审计问责服务社会治理,促进实现善治,需要加强政府透明度建设,促进信息公开。

针对国家审计问责机制的理论分析,本书做了如下三个方面的实证工作:

第一,依据国家审计发挥问责功能的过程,采用因子分析方法构建审计问责力度测量体系,获得审计问责力度综合得分以及信息、直接处罚和配合处罚力度的分项得分,为从实证角度分析审计问责、政府行为和国家治理的关系作铺垫。

第二,检验了审计问责的目标实现效果,审计问责服务国家治理是通过作用于政府行为实现的。实证研究从经济、政治和社会治理三大领域分别展开,并将政府决策有效性、腐败严重程度和信息公开水平三个变量分别作为政府公共资源配置行为、公共权力使用行为和信息公开行为的典型行为结果。研究发现,审计问责作用于国家治理,并不是通过公众普遍认为的"遏制腐败"来实现的,审计问责的腐败治理效果并不显著,更多的是依靠促进宏观调控政策的有效性和政府的信息公开来推动经济的发展和公众参与。具体体现在:1.审计问责能够保障国家宏观调控政策的落实,不仅仅对决策所需信息本身的实时性和可靠性进行审查,还通过提供信息对宏观调控政策产生影响,从而间接参与经济治理。2.腐败显著降低了政府效率,但是审计问责的腐败治理效果不显著,也未能有效提升政府效率。3.审计问责推动政府信息公开,信息的完备促进了公众和政府之间的良性互动。通过对政府信息权威性和专业性的鉴证,保证政府信息的完整性和真实性,弥补了公众参与治理过程中权威上的缺陷、权限上的缺陷、全局掌控能力的缺陷、相关领域专业技术的缺陷等。

第三，检验审计信息和审计处罚对政府行为的作用效果，分析审计问责哪个环节发挥作用更好，哪个环节出现问题引发其治理效果不佳，从而有针对性地提出改进建议，进一步促进政府行为的改进。研究发现，对于政府决策有效性，信息和直接处罚的促进作用都是显著的，但是在信息方面增加一个单位的投入比在处罚方面增加一个单位的投入改进效果更好。对于遏制腐败，审计信息和处罚发挥的效果都不好，但是审计信息的 t 值较大，如果能进一步提升信息供给、公开的力度和有针对性改进信息内容，那么其效果有可能会体现出来。对于政府的信息公开，审计处罚（包括直接处罚和配合处罚）促进作用不显著，而审计信息能够保证其真实性和完整性，作用效果显著。可见，国家审计发挥改进政府经济人的决策和信息公开行为、推动国家治理的功能，应以信息为主，以处罚为辅。而信息功能和处罚威慑力度不足，以及审计机关与其他问责部门的协作配合机制不完善是引发审计问责腐败治理效果不佳的主要原因。

本书研究的创新性和学术贡献主要体现在以下四个方面。

第一，对国家审计问责机制进行系统、框架性的研究。现有研究集中于对审计问责要素的分析，而根据本书对于机制的理解，事物各个部分的存在只是机制存在的前提，国家审计问责机制还应该包括"国家审计如何实现问责"和"审计问责如何服务国家治理目标"这两个问题，本书针对这两个问题进行了系统性的理论分析。

第二，利用因子分析法构建代表审计问责力度的综合指标，为以后的实证研究提供新的思路和代理变量。现有研究采用审计纠正率表示审计问责效果，然而不能体现审计机关在提出改进建议、移送处理方面所做出的努力。本书根据国家审计发挥问责功能的过程和原理，构建综合测量体系全面反映国家审计问责的力度水平，使审计问责质量的指标更加科学、合理，更具综合性。

第三，本书发现审计问责的国家治理效应不是通过遏制腐败实现的，而是主要以对政府决策的有效性和对政府信息公开的促进作用实现的。在现实中，公众通常将审计问责和腐败治理联系起来，审计问责治理腐败的效果不好，就认为国家审计没有发挥国家治理的效果。而本书的研究结果为审计问责服务国家治理提供了新的解释。审计问责的腐败治理效果不好，并不完全代表它没有很好地发挥国家治理功能,当前审计问责的治理效果更多地体现在促进宏观决策制定、执行有效性和政府信息公开等方面。

第四,证实了信息在国家审计问责改进政府行为中的作用十分显著,并发现了审计问责腐败治理效果不佳的原因。我国国家审计长期以来一直饱受屡审屡犯的诟病,但对于其原因、如何改善,研究十分缺乏。并且以往的研究对于国家审计如何发挥问责功能是不明确的,对于如何改善问责的效果也只能从要素方面展开。本书通过理论和实证检验后发现国家审计发挥改进政府经济人的行为、推动国家治理的功能,应以信息为主,以处罚为辅。而信息功能和处罚威慑力度不足,以及审计机关与其他问责部门的协作配合机制不完善可能是引发审计腐败治理效果不佳的原因。

最后,本书成文时间为2016年7月,《中国审计年鉴》出版具有滞后性,实证检验的数据介于2003年至2013年之间,导致数据时效性较差,敬请读者谅解。

第一章
引言

第一节 研究背景与研究问题

一、研究背景

党的十八届三中全会提出,完善和发展中国特色社会主义制度、推进国家治理体系和治理能力现代化。[①]十八届四中全会要求,"深入推进依法行政,加快建设法治政府","强化对行政权力的制约和监督,完善纠错问责机制"。习近平总书记反复强调,有权必有责、有责要担当、失责必追究。2016年7月,中共中央印发《中国共产党问责条例》[②],强化问责成为管党治党、治国理政的鲜明特色。可见,如何实现对政府的有效问责,进而达到善治,成为中国政府领导层和学术界普遍关注的问题。

李克强总理在世界审计组织第21届大会开幕式讲话中指出,审计要"当好防治腐败的哨兵"。一项全国性的民意调查结果显示,85.35%的社会公众认为反腐倡廉应该是国家审计问责的重要内容。然而,在现实中,我国国家审计却饱受屡审屡犯的诟病。2014年6月24日,审计署发布了中央单位2013年度的审计报告。梳理过去7年即2007年到2013年的年度审计报告,不难发现,违规转移套取资金、违规收费、违规招投标、私设"小金库","三公"超标等,均系老问题,在每一年度的报告中都会出现。而审计署网站上公布的违法违纪案件和事项处理情况中,"一把手"利用职权牟取私利、参与作案的职务腐败问题层出不穷。腐败和违规现象的泛滥令公众对国家审计的问责效果产生了质疑,"国家审计真的在问责吗?""为什么年年体检却年年犯?""老不改就别审了!""国家审计审了,腐败还是泛滥,它真的能够承担起国家治理的'免疫系统'[③]'基石和保障'[④]功能吗?"

---

① 十八届三中全会于2013年11月9日至11月12日在北京召开,会议一致通过了《中共中央关于全面深化改革若干重大问题的决定》。

②《中国共产党问责条例》是为了推进全面从严治党、解决没有人负责的问题而制定的面向各级党组织和各级领导干部,针对追责对执行党的路线方针政策不力,管党治党主体责任缺失、监督责任缺位、给党的事业造成严重损害,"四风"和腐败问题多发频发,选人用人失察、任用干部连续出现问题,巡视整改不落实等问题的条例,以问责倒逼责任落实,推动管党治党从宽松软走向严紧硬。

③ 2008年4月,刘家义审计长在中国内部审计协会研讨会上正式提出,"国家审计是国家治理的免疫系统"。

④ 2014年11月,刘家义审计长在《认真践行"三严三实" 切实发挥基石和保障作用》的报告中提到,国家审计是国家治理的基石和重要保障。

国家审计,其基本目标是监督、确保和评价政府的责任,在现代国家治理当中是一项重要的制度安排,它自产生之日起就带有问责的含义。有效的国家审计问责是公众和政府之间契约实施的监督与保障机制,是国家治理体系和治理机制的组成部分,也是国家实现善治的重要基础。有一个理论问题显得非常重要,就是国家审计作为一种问责机制,真的能够服务国家治理吗? 如何推动完善国家治理? 因为国家治理是一个非常庞大、抽象和宏观的概念,审计问责服务于国家治理,不能直接作用,只能借助于某些治理工具和关键变量。何种治理工具能够成为审计问责服务国家治理的桥梁和媒介? 这成为理论研究的难点。

腐败是政府行为异化的一种。对国家治理的研究通常落脚到对政府和政府的行为治理进行分析,从20世纪70年代新公共管理运动的兴起至今,国家治理的概念一直在强调政府组织行为的合法性和效率性。因为组织是现代社会的基础,更是国家治理活动的基础,它既提高了国家治理的效率,也是国家治理存在问题的根源。政府作为一个超大型的组织,在世界各国尤其是在中国国家治理中的作用突出。无论是经济、政治还是社会活动,政府都作为主体参与甚至主导,政府的行为结果决定着国家治理目标的实现与否。那么审计问责又是如何来影响政府行为的? 除了遏制腐败以外,它是否能够通过影响政府的其他行为来提升国家治理效率呢? 从政府行为的角度来研究审计问责的效率,为我们分析审计问责和国家治理的关系提供了一个思路。

此外,屡审屡犯的现象令人产生疑问,国家审计在问责中究竟哪一环节出现问题引发了这一诟病? 尽管国家审计的问责功能得到了国内学者的普遍认可,国家审计究竟是如何来实现问责功能却很不明确。公婷指出,尽管审计对问责有本质的、必然的意义,这种必然性本身并不能构成问责制。马志娟认为审计是政府问责制进行"问责"之前必不可少的一环,经济责任审计与问责制之间是"查责"和"问责"的关系。可见,对于国家审计如何发挥问责的功能,仍然是一个谜箱,有待进一步的探究。

对于"国家审计如何实现问责","国家审计问责如何服务于国家治理","如何改进国家审计问责效果"等问题,都可以归结为有关国家审计问责机制的研究。了解国家审计问责机制的现状,能够发现国家审计在实现目标过程所存在的问题,从而进一步改进治理效果。然而,目前有关国家审计问责机制的研究中,大部分是从构成要素的角度进行分析的,张灵芝、汤小莉、万晓、黄文娟等提出审计问责机制应包含问责的主体、客体、程序、范围、标准等,但是对于国家审计问责如何推进国家治理、如何进一步改进和完善审计问责机制的研究较少,但这些问题是在推进国家治理体系和治理能力现代化、建设法治国家的背景下,社会公众和媒体普遍关注和需要解答的问题。

本书以国家治理理论、政府的理性经济人属性和国家审计的基本理论为基础,分析了国家审计如何发挥问责功能,以及审计问责通过改进政府行为服务国家治理的机制框架,并从实证角度考察审计问责促进国家治理目标实现的效果,验证审计问责通过何种路径服务国家治理,以及审计信息和处罚改进政府行为的效果,从中发现审计问责运行中存在的问题,最后从国家治理、审计实践和审计体制改革的角度提出政策建议。

二、研究问题

基于目前公众对国家审计问责屡审屡犯的质疑以及国家治理的迫切需求,本书围绕如何完善国家审计问责机制这一基本问题,具体探讨如下三个方面。

(一)理论机制的探讨

"国家审计审了,腐败还是泛滥,它真的能够承担起国家治理的'免疫系统''基石和保障'功能吗?"公众产生这一疑问的根源在于对国家审计问责如何服务国家治理这一问题的认知不清晰。国家审计机关在越来越多的场合强调审计问责制度建立的初衷是完善国家治理。那么,审计问责是如何同国家治理相联系的? 除了治理腐败,审计问责还能够通过其他途径有效服务国家治理吗? 国家审计自产生之日起就带有问责的含义,它又是如何发挥问责的功能的?

从公众的角度出发,公众存在疑问的原因,一方面对于国家审计如何实现问责不了解,另一方面对于国家审计如何服务国家治理的认知不清晰,认为国家审计的存在只是为了治理腐败,当腐败持续性泛滥时,想当然地认为国家审计没有很好地发挥作用,因而对国家审计抱有"改不了就别审了"这种消极态度。因此,需要首先对国家审计如何问责和国家审计问责如何服务国家治理的原理进行理论层面的探讨。现有研究从多个视角认可了国家审计和问责、国家审计和国家治理的密切联系,然而对于国家审计如何问责、审计问责如何服务国家治理的具体机制缺乏系统的分析。

张文秀和郑石桥认为,国家审计是国家治理主体问责机制的重要组成部分,Lovel 则认为,审计是使用最频繁且最有效的一种问责方式。然而,对于问责的实现条件和国家审计自身具备哪些属性使其具备问责功能,缺乏理论分析。国家审计如何发挥问责的功能,仍然是一个谜箱,有待进一步的探究。

关于国家审计和国家治理,已有研究从国家构造、社会契约理论和公共受托责任理论等角度对二者的关系予以认可,但是关于审计问责服务国家治理的具体路径的研究还比较少。雷俊生和马志娟指出,审计问责以其综合性、普适性,可以作用于某些治理工具,从而间接服务国家治理。

因此,本书首先将国家审计发挥问责功能、服务国家治理的"面纱"揭开,理论分析审计问责如何运行和如何实现国家治理目标。

(二)对现状的分析

基于上述理论机制探讨提出的理论命题,实证检验审计问责促进国家治理目标实现的效果如何? 在现实中,审计问责服务国家治理,可以通过提升决策有效性、遏制腐败和促进政府信息公开这三种路径实现吗?

随着问责和治理理念的兴起,人们的民主意识也在逐渐觉醒,对于国家审计所发挥的效果越来越关注。2004年"审计风暴"之后,开始了"审计问责年"。但"审计问责年"引发了很多的争议。尤其是屡审屡犯的表象使公众对国家审计问责的效果产生了疑问。那么,"审计问责真的能够服务国家治理吗?""审计问责真的能够治理腐败吗?""审计问责只能够治理腐败吗?"

对于这些问题,学术界都是从理论角度分析其效果的必然性,缺乏数据的检验和证明。因此,本书利用相关数据验证审计问责完善政府行为和国家治理的功能。实证检验的目的有两个:第一,对现状的描述,即审计问责促进国家治理目标实现的效果如何;第二,检验审计问责服务国家治理,是通过哪些路径实现的,并且为进一步挖掘审计问责效果不佳的原因作铺垫。

(三)进一步检验审计信息和处罚改进政府行为的作用效果

国家审计问责实现国家治理目标,是通过改进政府行为实现的。审计问责对政府行为的影响效果,决定着国家治理目标的实现。审计问责对政府行为的改进效果不佳,是哪个环节出现了问题? 审计信息和处罚作为影响政府行为的关键,如何发挥作用? 只有搞清楚这些问题,才能从根本上解决屡审屡犯的问题,提升对政府公共资源配置行为、公共权力使用行为和信息公开行为的改进效果,完善国家审计问责机制。

第三个问题的提出建立在"政府行为是审计问责服务国家治理的桥梁和媒介"这一命题之上,是对"审计问责如何作用于政府行为"和"审计问责改进政府行为效果不佳"原因的进一步检验,从而有针对性地为提高国家审计问责的治理效果、完善国家审计问责机制提供改进方案。

鉴于后面两个问题都是实证研究,其中最为关键的是如何获得有关审计问责力度、信息和处罚力度水平的指标。现有研究大多采用纠正率表示审计问责效果,但是却并不全面,缺乏从过程角度对审计问责如何运行的描述。因此,本书依据对"国家审计如何实现问责"这一问题的理论分析,构建了表示审计问责力度、信息和处罚力度的代理指标,作为后面两个问题中实证检验的数据基础。

第二节　核心概念的界定与分析

本书的基本问题是完善国家审计问责机制,核心是验证审计问责如何通过作用于政府行为促进国家治理目标的实现和改进。因此,首先对相关关键词进行界定。

一、国家审计问责

(一)国家审计问责的内涵

什么是国家审计问责? 目前学术界对其没有统一的定义。冯均科认为,国家审计问责制度是特定国家以国家审计监督为基础建立的规则化的问责工作体系。汤小莉将审计问责定义为对政府审计结果中涉及的个人或组织使用资产流向、使用效率和使用效果的一种责任追究。姜巍指出,所谓审计问责,就是通过政府审计对国家各级行政部门所发生的经济事项进行审计,继而针对审计中所发现的问题,通过"问"的制度化保证权责对等,进而追究国家各级机关及其公务员对其职责和义务产生否定性结果应负的责任。

本书认为,国家审计是问责工具的一种[①],其内涵的界定要从问责的定义出发。《公共行政与政策国际百科全书》对"问责"一词的解释是:"问责是指委托方和代理方之间的一种关系,即获得授权的代理方(个人或机构)有责任就其所涉及的工作绩效向委托方做出回答。"其狭义范畴的理解为:"问责是指依照相关法规、规定予以过问并追究责任的制度。"而"问责"过程如何完成,或者说"问责"的实现方法,就是制度经济学意义上的"机制"概念 ,也可视为问责的实施问题。故而国家审计对政府和政府人员如何进行"问责"实质上就是国家审计问责机制原理的问题。

与其他问责工具一样,国家审计问责存在的基础同样是公众和政府之间的受托责任关系,它表明了人民将权力授予政府,政府又向下授权于各级官员,官员不仅要对政府负责,还要对人民负责。国家审计问责以独立第三方的身份向社会公众和上级政府说明、评价或解释政府行为的正当性,并对未履行责任的个人或组织机构追究责任,最终对问题背后的机制、制度性缺陷提出改进建议。

(二)国家审计问责机制

国家治理体系是一系列国家治理制度的集成和总和,是由价值、制度和行动三个层面构成的一种橄榄型的结构。学术界对于国家治理体系基本结构的认识已达成共识,即

---

① 现实中,法律、信息披露和报告、绩效评估、自律等都可以成为问责的工具,国家审计具有信息披露和报告、评价和处罚等功能,是问责工具的一种。

制度是国家治理体系的一个带有根本性和不可或缺的内容。①机制是制度落实的基础，它受到制度的督导，并且彰显着国家治理的价值理念，属于如何操作和行动的范畴。制度带有根本性、全局性、稳定性和长期性的特征，如我国实行的是中国特色社会主义制度。而机制从属于制度，它是指在既定的制度系统中，某些要素按照一定方式相互作用实现其特定的功能。良好的国家治理是在既定的制度背景下，通过一系列机制的设计来保障有序的经济生活、政府运作和社会生活来实现的，国家审计问责机制就是机制中一种。

"机制"一词最早源于希腊文，原指机器的构造和工作原理。它包含两个方面的内涵：第一，机体由哪些要素组成。第二，机体如何工作和为何要如此工作，其隐含的概念为"其工作的目标是什么"，为了实现一定的目标，就产生了如何协调各要素之间关系的问题，这一协调和相互作用的过程就称为机制。机制的有效性决定了目标能否实现。国家审计问责机制体现国家治理的价值取向，它在既定的国家审计体制下，协调国家审计内部，以及和政府、公众或其他问责部门的关系。国家审计发挥何种功能，如何发挥功能，决定了它能否实现国家治理的目标。

问责是国家审计服务国家治理的一种途径，除问责以外，国家审计还具有评价、鉴证等其他的功能。国家审计是问责工具的一种，而问责也仅仅是国家审计的其中一个功能。问责是实现国家善治的必要途径，没有行之有效的问责方式、方法和程序，国家治理的目标难以实现；而没有行之有效的国家审计运行方式、方法和程序，问责也难以实现。因此，完善国家审计问责机制，包含两个过程，即"国家审计更好地发挥问责功能"和"使国家审计问责更好地服务国家治理"。

完善国家审计问责机制，首先要对国家审计发挥功能的原理进行了解。它应该包含三个方面的内容：

第一，国家审计问责的构成要素。事物各个部分的存在是机制存在的前提，审计问责要素的存在是国家审计问责机制存在的前提。以往研究对于审计问责要素机制的研

---

① 许耀桐等人认为，国家治理体系是由政治权力系统、社会组织系统、市场经济系统、宪法法律系统、思想文化系统等构成的一个有机整体，这一有机整体由治理理念、治理制度、治理组织和治理方式四个层次构成。俞可平认为，国家治理体系是规范社会权力运行和维护公共秩序的一系列制度和程序。他认为，国家治理体系是一个制度体系，分别包括国家的行政体制、经济体制和社会体制；现代的国家治理体系是一个有机的、协调的、动态的和整体的制度运行系统。

究较多,并提出了三要素①、四要素②、五要素③、六要素④的观点。本书认为,在法律制度的保障下,国家审计问责的构成要素最基本应包含主体、客体和内容。

国家审计问责的主体,是一个以审计机关直接问责为核心,辅之以权力机关问责(包括立法机关、司法机关和行政机关问责),再扩展到舆论问责(包括以媒体问责为主体的全民问责)的有机体系,多元主体共同参与问责更符合治理和善治的价值取向。

国家审计问责的对象,包括"人"和"组织机构"。从理论上讲,任何公共机构的受托责任的履行都是依靠个人的岗位职责实现来完成的。政府机构或组织是政府人员整体的抽象化描述,具有相同的理性经济人属性。因此,审计问责的对象,可以是政府行政组织,也可以是政府工作人员。

国家审计问责的内容,与国家治理和政府的受托责任的内容密不可分。政府行为是政府履行责任的途径,只要接受了某个政府的公共权威职位,就意味着要按照应有的职责开展活动,如果政府行为没有履行责任,轻则是违约,重则是违法。Cameron指出,受托责任体现为对自身的行为负责,包括有效决策、控制权力滥用或其他违法违规行为。在本书中,政府公共受托责任包含三个方面:合理配置公共资源的经济责任、依法使用权力的政治责任、向社会公布行为信息的社会责任。这也是国家治理的主要内容。

第二,国家审计如何发挥问责的功能。它指的是国家审计作为一种问责的工具,内部如何运行来实现问责。张立民认为国家审计是政府责任落实的信息质量保障,张文秀和郑石桥认为国家审计的本质是经济问责的信息保障。然而,对于国家审计如何实现问责,仍然需要深入和全面的分析。

第三,国家审计问责如何实现国家治理的目标,国家审计问责被提升至国家治理的战略角度考量,其着眼点不仅仅在于国家审计内部的运行,而且要协调国家审计与政府、公众等各个方面的关系,涉及经济、政治和社会领域的各个层面。

由于现有研究大部分集中于国家审计问责的要素分析,本书主要针对后面两个问题进行理论和实证层面的考察。

(三)国家审计问责力度

完善国家审计问责机制,需要分析国家审计问责服务国家治理的现状,继而思考如何改进。对现状的分析基于对"审计问责的目标实现效果"进行实证检验,如何体现国家

---

① 姜巍提出国家审计问责指应包含"问""责""制"三个要素。

② 侯晓靖认为可以通过由谁问责、向谁问责、以何标准问责、问责后的处理等问题来设计。

③ 汤小莉、万晓认为审计问责应包含主体、客体、程序、依据、方式(或范围)等五个要素。

④ 黄文娟认为在五个要素的基础上,还需要加上目标这一要素。

审计问责的水平和程度,成为实证研究的前提条件。

国家审计问责力度,指审计机关在问责的过程中所投入的力量和力量的强度,是体现国家审计质量的一个方面。董延安认为,审计力量是影响国家审计质量的重要因素。2015年9月,审计署印发了《关于进一步加大审计力度促进稳增长等政策措施落实的意见》,要求审计机关加大问责力度,保障经济发展。

效果不同于力度,指的是在动机、所投入力量、资源等多个因素的影响下所产生的后果,二者分别是对结果和过程的描述。黄文娟将纠正率作为审计问责效果的代理变量,从实证角度检验了被审计单位数量、审计人员数量、法律处罚力度和经济发展水平等因素对审计问责效果的影响因素。但是在实务界通常更注重过程审计质量,强调对审计过程的质量控制。从过程的角度,国家审计对于发现的违规行为不仅仅采取了责令纠正的措施,还包括提出审计建议、移交其他部门处理、将审计结果公开等,仅仅采用纠正率不能体现出国家审计在问责的过程中进行的这些工作和付出努力。因此,需要构建一个指标能够综合反映审计机关在问责过程中所做的"功"。这个"功"越大,说明审计机关在问责方面所付出的努力越多,对政府行为的改进和宏观治理效应也可能会越好。在审计实践中,国家审计主要通过提供信息和进行处理处罚来实现问责,其工作和努力的程度也主要体现在这两个方面。

审计机关获取信息和处理信息的过程通常是不能被外界所见的,只能通过提供信息的结果如信息的数量、质量和审计结果公开的水平来体现信息获取、处理等方面的能力,本书称为信息力度。审计机关提供的信息报告越多、被采纳的建议越多、审计结果公开的水平越高,说明审计机关在审计过程中投入的精力和努力越多,则审计的信息力度就越大,审计问责的力度也越大。

而审计处罚有两种不同的情况,第一种是由审计机关作为主体实施的处罚,也称为直接处罚,如责令纠正、处以罚金等,纠正和罚金金额的大小代表了审计直接处罚的严厉程度,金额越多表示处罚越严厉,力度越大。第二种情况是,审计机关认为被审计单位或个人的违规行为应该受到严重处罚,但是不具备处以刑事和行政处罚的权力,只能移交给具备这些权力的纪检、司法等部门,是一种配合处罚的行为。在这种情况下,审计移交至司法、纪检监察和其他有关部门的案件、人员的数量体现了审计配合处罚的力度。移交的案件和人员数量越多,说明审计机关对违法违规行为的容忍度越小,则配合处罚的力度越大,审计问责的力度也越大。

因此,审计问责的力度受到信息力度和处罚力度两个因素的共同影响。按照这一思路,本书对2003年至2013年间《地方审计机关审计情况调查表》中与这两个指标相关的七个变量①进行因子分析,获得表示信息、直接处罚和配合处罚力度的分项指标和审计问责力度的综合指标②。

二、国家治理目标的界定

"审计问责如何实现国家治理目标"是国家审计问责机制研究的一个重要问题。国家治理目标的定义,是理论和实证分析的前提。审计署原审计长刘家义将国家审计定位为"国家治理的免疫系统""国家治理的基石和重要保障",无论是国家审计还是问责,都必然地与治理相联系。

从国家起源看,国家和政府起源于民众权力的让渡。人们为了有效保护自己的权利,便让渡自己的一部分权利,集中起来交给一个权威机构统一管理,这便产生了国家。在一个国家里,具体管理人民权力的是政府。正因为如此,政府行为影响着全社会,对全社会每一个体都具有一定的约束力。人民愿意接受政府的控制和拥立一个政府的初衷,必定是希望它能代表全社会的愿望和意志。政府作为人民利益的代表,其行为目标理应是促进公共资源的有效配置和利用,降低政府自身的失灵,最大限度地维护社会公平和稳定。因此,国家治理的基本目标就是促使政府履行受托责任,促进公共利益的实现。

在国家治理基本目标的引导下,又包含着由政府主导的经济、政治和社会层面③的具体目标,是公共利益实现的具体体现。

经济治理的主要目标是实现经济平稳快速发展,维护地区经济安全;政治治理的目标是减少或消除政府滥用公共权力的行为,降低交易成本,提升政府效率,以实现公共利益最大化,是对政府自身行为和结果的改进;社会治理的目标与西方人眼中的善治几乎等同,即社会组织和公民同政府共同管理国家事务。在我国现实国情下,国家治理的目标为政府作为社会管理主体,通过信息公开与社会沟通交流,在党委领导、政府负责、社会协同、公众参与和法治保障的基本格局下,对社会公共事务进行管理④。

---

① 这七个变量分别是:单位审计决定处理处罚金额;审计移送司法、纪检和有关部门的案件数量;审计移送司法和纪检监察以及有关部门的人员数量;出具审计报告和报送审计调查报告条数;提出审计建议条数;审计建议和信息被采纳比例;向社会公众公告数量。

② 因子分析过程,详见第六章。

③ 俞可平认为国家治理包括规范行政行为、市场行为和社会行为的一系列制度和程序,政府治理、市场治理和社会治理是现代国家治理体系中三个最重要的次级体系。赵林栋认为,理解国家面临的环境与挑战,需要全民分析经济因素、政治因素和社会因素的变化。

④ 有关国家治理具体目标的理论分析,详见第三章。

三、政府行为

按照行为学的观点,行为是人的一切行动表现的统称,是人类对环境的反应方式。管理国家的是政府,组成政府的则是一些具体、单个的人。政府活动由具体个人来运作,这必然使得政府行为带有一定的人格特征。政府行为,意味着对政府进行一种人格化的描述,它是政府对社会环境的反应方式,是政府在一定社会环境中采取的一定行动。从政治学意义看,政府行为是指政府为了实现预期目标,采取各种手段调节经济社会生活的有意识的活动,具体指政府以及政府公务人员利用公共权力对公共事务进行管理过程中所形成的行为。作为理性"经济人"的抽象化组合,追求地方利益和政府官员利益最大化的动机直接影响着政府行为。

政府行为很难度量,因为政府每天都在进行各种各样的活动,研究较多的有创新行为①、竞争行为②、博弈行为③等。这些研究不寻求建立宏观分析框架,而是对影响较大、特征显著的某种行为进行专门的研究。

本书依据国家治理和公共受托责任的内容对政府行为进行分类。从国家治理的框架角度,国家治理内容可转化为三个领域:经济治理、政治治理和社会治理。而从公共受托责任的角度,公众将资源和权力委托给政府,政府行为应当从人民的利益出发,通过一系列经济、政治和社会活动管理公共资源及合理行使公共权力。另一方面,政府应当向公众及其代表(立法机构)报告其受托责任的履行情况。因此,本书将政府行为划分为三种类型:公共资源的配置行为、公共权力的运用行为和政府的信息公开行为,这三种政府行为的结果直接影响到国家治理目标的实现。

(一)政府公共资源配置行为

经济治理是国家治理的首要前提条件和物质基石。从经济治理的角度,政府或者其他主体履行管理公共事务职能的经济基础是财政,或者广义一点讲是公共资源。国家经济发展很大程度上取决于国家能不能有效率地分配公共资源,其实质上反映的是政府的政策选择,旨在用经济手段干预和解决市场失灵问题。政策制定如同一个项目的计划指南,众所周知,计划书决定了整个项目的方向和预期,并指明"为了明天,今天必须做什

---

① 杨瑞龙提出了我国制度变迁方式转换的三阶段论,认为社会转型期地方政府的创新行为占有突出的地位,当代中国地方政府的创新行为的研究成果较多。

② 张涌对地方政府竞争行为的效应给予了重点研究,他认为,地方政府竞争行为一方面有利于区域经济发展环境的改善,有利于形成合作和增强经济发展的主动性;另一方面又带来了重复建设严重、财政税收等优惠政策随意滥用、地方保护主义盛行等负面效应。

③ 庞明川、夏永祥和王常雄研究了地方政府和中央政府之间博弈的形成和演进问题。

么",宏观政策的制定是下一年甚至未来几年经济发展最重要的第一步,第一步有误差则满盘皆输。有效的资源配置决策能够促进经济发展,维护经济安全,而政府官员在决策和施政中搞"利己主义"也会导致公共资源配置效率和公平的缺失。因此,影响经济治理效果最主要的决定性因素是政府资源配置行为,即政府的决策制定。

(二)政府公共权力使用行为

如果说经济治理是政府对经济发展和经济安全方面的管理,那么政治治理则侧重于政府对于组织自身的控制和管理。政府公共权力的运用决定了政府的行政效率和行政成本,以及能否提供公众需要的公共服务。人民将资源交托给政府的同时赋予了其管理和分配的公共权力。权力伴随着政府的产生而产生,如果没有公共权力,国家治理就无从谈起。政府如何运用权力也就决定着国家治理的效果。

权力也具有两面性,既具有较大的影响力和支配力,又具有较强的腐蚀性和扩张性。孟德斯鸠认为"一切有权力的人都容易滥用权力"。如果没有边界和约束,政府会根据自己的好恶选择行为方向,权力越界、滥用等恶性行为会不断发生。政府权力的滥用不仅会影响政府自身的执政效率,而且会降低经济治理的水平,甚至引起公权与私权之间的冲突,引发利益失衡。政府行使公共权力的过程中最为典型和常见的行为结果是腐败。腐败现象的实质是政府依仗自身拥有的公共权力,非法占有公共资源,降低行政效率,提升行政成本,损害公共利益,是政府公共权力扩张和滥用、影响政治治理效果的最为重要的因素。

(三)政府信息公开行为

社会治理层面,公共事务的官民共治,需要官民互信;公共事务的社会参与,需要不同利益主体的相互信任、谈判与协调。无论是信任的建立,还是利益的协调、谈判,政府的信息公开与否和公开的程度是关键因素。从公共受托责任角度,政府除了按照公众的意图和契约如实、有效地履行管理公共资源和使用公共权力的责任之外,还应该将受托责任的履行过程和结果向公众加以报告、解释和说明。然而,政府拥有较多自身的信息资源,出于有限理性和自利倾向,在公开信息时,总是深思熟虑地通过成本收益分析对各种可能的机会和目标进行权衡取舍,按照自身的偏好对信息加以筛选和扭曲,或者使政府变得"神秘",或者故意将真实信息隐藏起来,使得人民和政府之间沟通出现问题。人民在情绪无处宣泄时会误解政府的行为,另一方面又没有渠道说出内心的声音,参政议政的渠道受阻,这种状态不利于政府责任的履行,也不利于政治稳定。可见,改善公众参与的关键在于提升政府的信息公开水平。

因此,依据国家治理和公共受托责任的内容,本书将政府行为划分为公共资源的配置行为、公共权力的运用行为和政府自身的信息公开行为,并在实证分析中分别以三种典型和常见的行为结果为代表:决策有效性、腐败严重程度和政府信息公开水平,研究审计问责对政府行为改进的效果。关于国家治理目标和政府行为的界定,见图1-1,详细内容参见第三章。

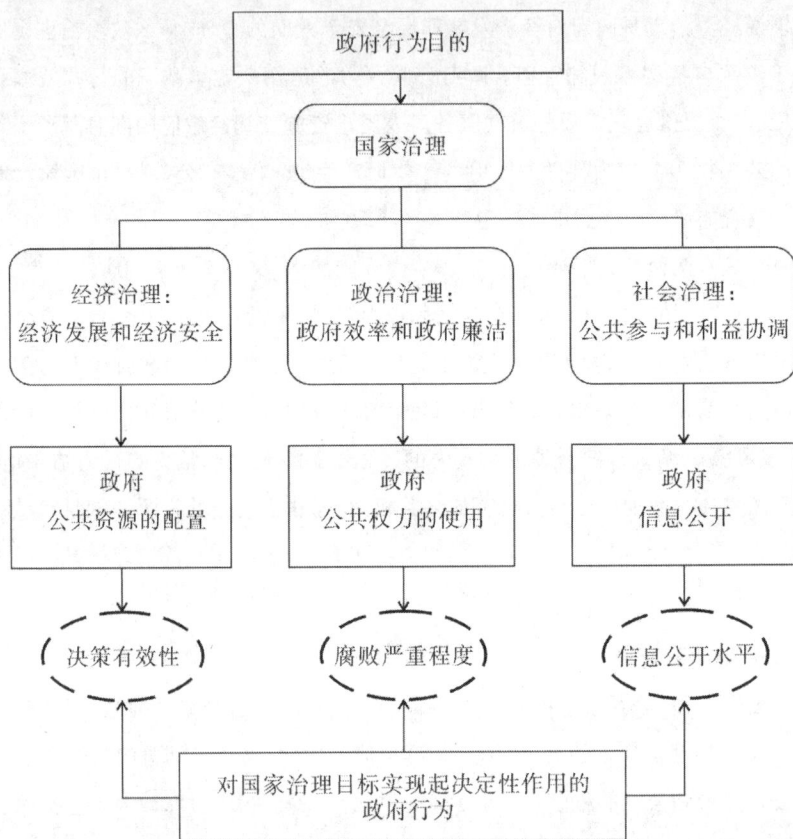

图1-1　国家治理目标和政府行为的界定

第三节　研究思路和研究框架

一、研究思路

本书可分为理论和实证两大模块。按照理论机制分析,现状分析,挖掘原因的研究思路,回答基本问题"如何完善国家审计问责机制"。

理论模块以政府的理性经济人属性影响国家治理目标的实现作为逻辑起点,分析审计问责存在的必要性和重要性。首先,以问责的实现要素为标准,研究国家审计是否能够发挥问责的功能,以及如何发挥问责功能。国家审计发挥问责功能,信息、解释和报告是第一步,处理处罚是完成问责的必要条件。本书通过对国家审计的信息权力、信息能力以及处理处罚权力进行理论层面的分析,认为国家审计可以通过处罚和信息两种功能实现问责。

其次,分析国家审计问责如何实现国家治理的目标。国家治理意味着政府应该将公共利益置于首位,但是人在充满理性的情况下,所追求的目标都是使自己的利益最大化,即当他有可供选择的利益机会,一定会选择利益最大的那个方案与机会。个人利益并不总是和公共利益相背离,监督、激励和规则的引导可以使自利成为努力工作的动力,从而促进公共利益的实现。审计问责通过信息和处罚两种机制对人的行为产生积极的影响,控制消极行为的泛滥,不仅如此,审计问责还能够从文化和制度环境的层面间接影响人的行为,奠定了影响国家治理的主体——"人"之行为的基础。在"人"的微观行为对宏观治理的影响下,国家治理框架可进一步划分为经济、政治和社会治理三大领域,国家审计在这三大领域当中能够分别发挥作用。经济层面,审计问责的作用体现在对政府公共资源配置行为的信息支持和前瞻能力,促进经济平稳健康发展,保障经济安全。政治层面,审计问责的重点在于权力制约,遏制政府的腐败行为,提高政府效率。社会层面,审计问责提供信息平台和沟通平台,缓解政府和公众之间的信息不对称,巩固公众对政府的信任,逐步实现公众有序参与管理和善治。

实证模块是建立在理论分析基础之上的。根据国家审计发挥问责功能、服务国家治理的原理,检验国家审计问责、政府行为和国家治理的关系,了解审计问责发挥作用的现状,发现屡审屡犯和阻碍其国家治理功能实现的原因。

实证工作有三个方面的内容:1.根据国家审计发挥问责功能的理论分析,构建表示审计问责力度的综合指标以及信息、处罚的分项指标,作为实证检验的基础;2.了解审计问责服务国家治理的现状,构建审计问责通过作用于政府行为影响国家治理的模型,检验审计问责的目标实现效果和政府行为的中介效应;3.在审计问责和政府行为关系明确的基础上,进一步检验审计问责的两大要素——信息和处罚对政府行为改进的效果,从中挖掘审计问责效果不佳的主要原因和如何进一步改善效果。

最后,结合理论和实证分析的结论,针对性地从完善国家审计问责机制和完善国家治理角度提出改进建议。整个研究的思路如图1-2所示:

基本问题
完善国家审计问责机制

理论基础
国家审计问责的必要性

国家治理理论　　　　政府理性经济属性

公共利益　　　达成一致　　　个人利益

国家审计问责

机制分析框架

理论分析一
国家审计的问责功能分析
审计信息
审计处罚 —— 问责

理论分析二
国家审计问责的目标实现功能分析
政府行为 —— 国家治理

因子分析
审计问责力度综合测评体系的构建

实证问题
审计问责能否促进国家治理目标实现

实证问题
审计问责如何促进国家治理目标实现

现状分析

确立代表信息和处罚力度的测量指标

论证思路：审计问责对经济、政治和社会治理的作用

论证思路：审计问责对改进政府行为的作用、政府行为结果对国家治理的影响

建立：
审计问责力度综合测量模型

建立：
审计问责力度影响国家治理的模型
国家治理的目标

建立：
中介效应模型
政府行为的划分

审计问责力度综合得分

实证检验：国家审计问责的治理效应

实证检验：政府行为的中介效应

原因分析

信息、直接处罚和配合处罚力度的分项得分

进一步检验：信息和处罚对政府行为的影响效果

实证问题
审计问责效果不佳的原因

政策建议

落脚点
完善国家审计问责机制

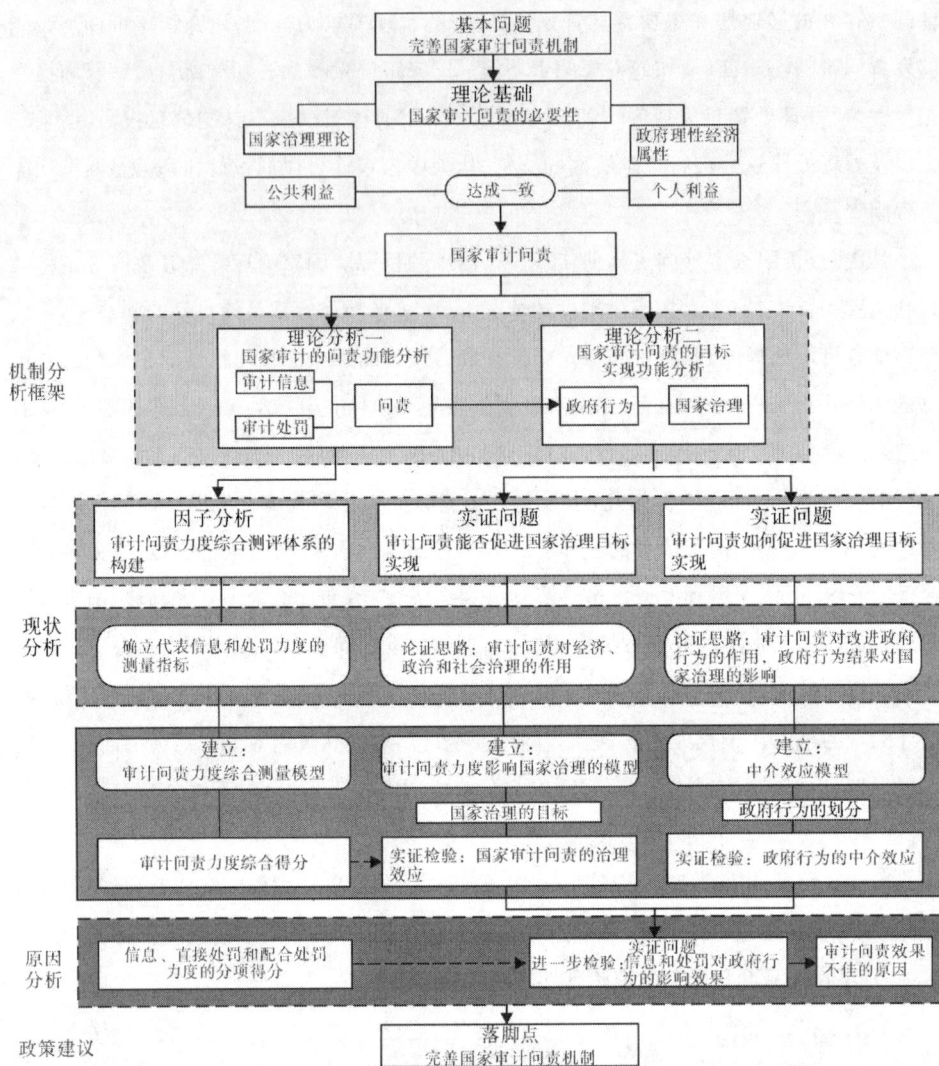

图1-2　研究思路图

二、研究方法

(一)归纳分析法

运用归纳分析法梳理和综述当前我国关于审计问责和国家治理、审计问责机制和审计问责效果的文献,归纳总结审计问责服务国家治理的理论基础,提炼出国家审计问责机制、效果的研究现状和不足之处,作为本书研究的突破口。

(二)规范研究法

该方法主要运用于文章的整体思路框架的搭建和设计,系统详细地分析和阐述国家

审计如何发挥问责功能、审计问责如何通过改进政府行为来服务国家治理。

（三）实证分析法

通过因子分析构建表示审计问责力度、信息和处罚力度的测量指标，建立相关模型，采用面板数据回归方法对审计问责（信息和处罚功能）、政府行为和国家治理的关系进行实证检验。

三、本书内容的结构安排

第一部分包含第一章和第二章，是全书的前序铺垫。第一章是对全书的总体概述，包括对本书的研究背景、研究问题、基本概念、研究思路、研究创新和研究意义等基本情况进行说明。第二章是相关文献的述评，主要围绕审计问责和对国家治理相关的理论基础、国家审计问责机制和国家审计问责效果的相关文献进行梳理。首先，梳理了审计问责和国家治理相关的理论研究，从中寻找出普遍接受的且对本书研究具有指导意义的相关理论。其次，梳理了现有关于国家审计和问责关系的研究，一方面挖掘出现有隐含的假定，即国家审计自产生之日起就带有问责的功能，另一方面寻找现有研究的不足之处，发现对于国家审计问责如何发挥问责功能的研究尚缺乏，以此作为本书研究的突破口之一。再次，本书梳理了目前基于国家审计问责机制的文献，发现现有研究集中于对要素机制的分析，而忽略了审计问责目标实现机制的分析，以此作为本书的另一个突破口。然后，本书梳理了有关审计问责效果和指标的文献，发现关于国家审计问责的研究内容大部分为理论分析，缺乏经验证据，对此方面的研究成为本书的一大创新之处。最后，针对已有相关研究所做的贡献与不足之处进行了归纳总结，提出本书研究的主要问题和创新之处。

第二部分是本书的第三章，是全书的理论基础即逻辑起点，主要阐述了审计问责存在的必要性。首先，国家治理理论确立了政府进行经济、政治和社会活动的基本目标和具体目标，要求政府作为受托人履行自身的责任，服务公共利益。其次，政府的理性经济人属性使政府为追求个人利益最大化而放弃公共利益最大化，阻碍了国家治理目标的实现。而审计问责的出现，在充分承认政府自利是一种不可避免的客观存在的基础上，充分尊重、保护和实现它们合理的自我利益和权益，并使它们自我利益的实现与社会公共利益的实现最大限度地达成一致，从而为公共管理模式的改革、发展和完善提供坚实的基础。

第三部分是本书的第四章和第五章，分析了国家审计发挥问责功能以及审计问责服务国家治理的目标实现过程。这一部分的研究提出了三个理论命题。第一，国家审计通过信息和处罚两大功能实现问责。第二,信息和处罚通过缓解信息不对称,提升违规成本,能够影响政府行为。第三,根据人、政府行为对国家治理的直接影响,结合审计问责对于政府行为的改进作用,本书提出有效的审计问责能够促进国家治理目标的实现,而这一过程是通过影响政府行为这一媒介和桥梁实现的。

第四部分是本书的第六章、第七章和第八章,是指标构建和实证研究部分。第六章根据国家审计发挥问责作用的原理,利用因子分析方法获得代表审计问责力度的综合得分以及代表审计信息、审计直接处罚和审计配合处罚力度的分项得分,成为接下来两个章节实证研究的基础和前提。第七章检验了审计问责通过作用于政府行为服务国家治理的效果。研究发现:1.审计问责能够保障国家宏观调控政策的落实,不仅仅对决策所需信息本身的实时性和可靠性进行审查,还通过提供信息对宏观调控政策产生影响,从而间接参与经济治理;2.审计问责对于遏制政府腐败行为和提升政府效率的功能不显著;3.审计问责能够促进公众参与实现。

第八章实证检验了审计信息和处罚对政府行为的作用效果。根据第七章的结果分成两组:审计问责有效改进政府行为和未能有效改进政府行为。对于有效改进政府行为的一组,确认检验信息和处罚哪一种作用更加显著,从而为进一步提升审计问责效果提供思路。对于未能有效改进政府行为的一组,检验审计问责效果不佳的原因,确定哪个环节出现了问题从而引发了这一结果。研究发现,无论是对于促进政府决策行为有效性、信息公开程度,还是遏制政府的渎职腐败行为,审计信息的功能都要显著大于审计处罚的功能。这说明国家审计发挥问责功能,主要是提供高质量的信息和报告,明确责任主体是否尽责的信息,证明政府的行为是否符合公共受托责任的要求。即审计问责发挥改进政府行为、推动国家治理的功能,以信息为主,以处罚为辅。而处罚力度不足、审计和其他问责部门的配合机制不完善可能是引发审计问责效果不佳的原因。

第五部分是本书的第九章,本章是对全书研究的总结,包括研究结论,研究结论提供的政策建议,以及本书的研究不足和未来的研究方向。全书的内容结构安排如图1-3所示。

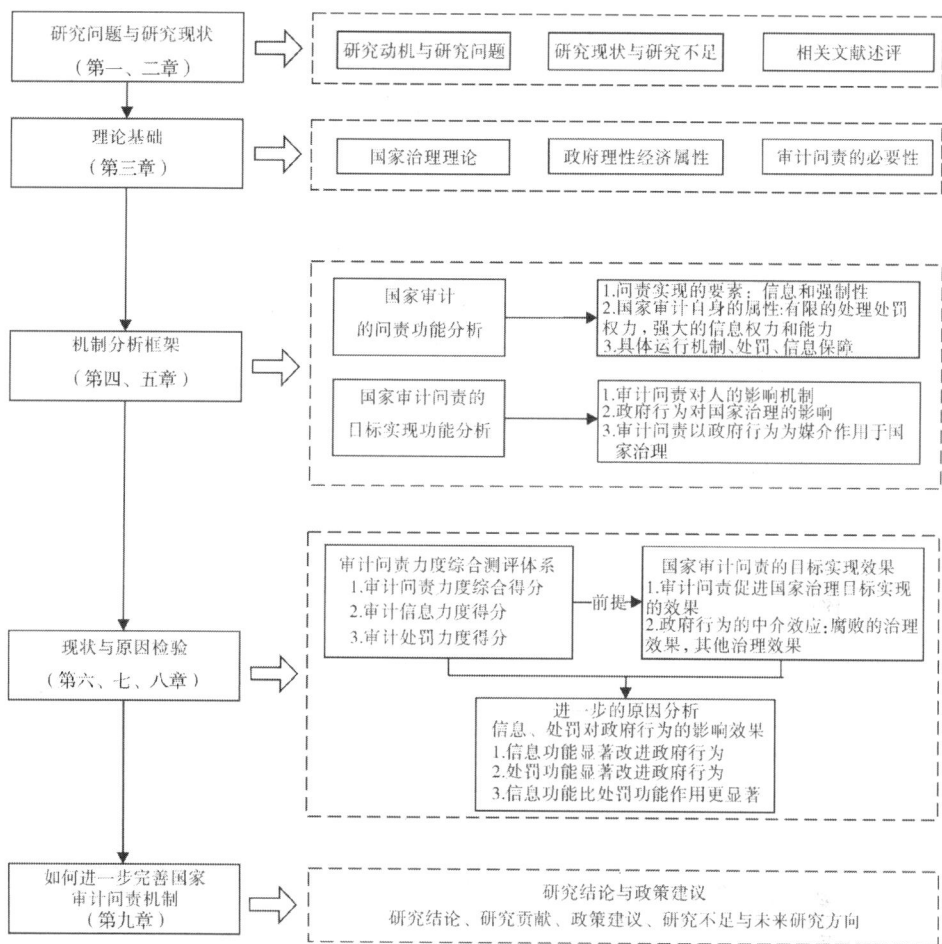

图1-3 本书结构安排

第四节 研究创新和研究意义

一、研究创新

第一,对国家审计问责机制进行系统、框架性的研究。现有研究集中于对审计问责要素的分析,而根据本书对于机制的理解,事物各个部分的存在只是机制存在的前提,国家审计问责机制还应该包括"国家审计如何实现问责"和"审计问责如何服务国家治理目标",本书针对这两个问题进行了系统性的理论分析。

第二,利用因子分析法构建代表审计问责力度的综合指标,为以后的实证研究提供新的思路和代理变量。现有研究采用审计纠正率表示审计问责效果,然而却并不全面。

问责有两个最基本的要素:信息和处理处罚。国家审计发挥问责功能,信息、解释和报告是第一步,处理处罚是完成问责的必要条件。在地方审计机关审计调查情况统计表中,审计问责力度通过审计信息、直接处罚和配合处罚三大功能和程序体现出来,本书从国家审计问责的概念界定出发,结合这三大功能,构建综合测量体系全面反映国家审计问责的力度水平,使审计问责质量的指标更加科学、合理,更具综合性。

第三,为"审计问责腐败治理效果不好,却仍然是国家治理的'免疫系统''基石和重要保障'"提供新的解释。本书发现目前审计问责的国家治理效应并不体现在遏制腐败方面,而是主要以对政府决策的有效性和对政府信息公开的促进作用实现的。在现实中,公众通常将审计问责和腐败治理联系起来,审计问责治理腐败的效果不好,就认为国家审计没有发挥国家治理的效果,甚至认为"不改就不审了"。而本书的结果为审计问责服务国家治理提供了新的解释。审计问责的腐败治理效果不好,并不代表它没有很好地发挥国家治理功能,当前审计问责的治理效果更多地体现在促进宏观决策制定的有效性和政府的信息公开上。

第四,本书证实了审计信息改进政府行为的作用更加显著,并发现了审计问责腐败治理效果不佳的原因。我国国家审计长期以来一直遭受屡审屡犯的诟病,但对于其原因、如何改善,研究十分缺乏。现有研究大部分从构成要素的角度出发分析问责效果不好的原因,如国家审计问责主体单一、问责范围狭窄等,无法反映审计机关在实际工作中存在的薄弱环节。本书通过理论和实证检验后发现,国家审计发挥改进政府决策和信息公开行为、推动国家治理的功能,信息比处罚的作用更显著,审计服务于这两项工作时,可适当在信息功能上倾斜。而审计信息内容缺乏针对性、信息数量和公开水平低,处罚威慑力差,以及审计机关与其他问责部门的协作配合机制不完善是引发审计治理腐败效果不佳的原因,审计机关需要从多方面改进。

二、研究意义

(一)学术贡献

1.深化和丰富有关审计问责和国家治理关系的研究,为审计问责服务国家治理的机制和路径提供系统性的分析框架,实证研究结果为审计问责提升国家治理效果提供经验证据。

2.为"审计问责腐败治理效果不好,却仍然是国家治理的'免疫系统''基石和重要保障'"提供新的解释。本书研究发现审计问责遏制腐败的效果确实不显著,但这并不意味着国家审计问责同国家治理间没有关联,现阶段我国国家审计的治理功能主要体现在促进决策有效性和提升政府信息公开水平上,但腐败的治理效应有待进一步的加强。

3.利用因子分析法构建代表审计问责力度的综合指标,为以后的实证研究提供新的思路和代理变量。现有研究采用审计纠正率表示审计问责效果,然而并不全面,不能体现国家审计在提出整改建议、移交处理等方面所做的努力。本书结合国家审计发挥问责功能的过程和原理,构建综合测量体系全面反映国家审计问责的力度水平,使审计问责质量的指标更加科学、合理,更具综合性。

4.验证了审计信息和审计处罚之间的相互关系,信息和处罚是使国家审计具备问责功能的两大主要要素,然而这两种要素在改进政府行为的过程中所发挥的作用并不是等同的。本书研究结果验证了国家审计的信息理论,即问责是国家审计自产生之日起就带有的功能,最重要的基础是对履行责任的如实报告,而报告的实质是信息。由于国家审计的处理处罚能力十分有限,因此主要是通过信息权力提供高质量信息和报告明确责任主体是否尽责的信息,证明政府行为是否符合公共受托责任的要求,即国家审计发挥改进政府决策和信息公开行为、推动国家治理的功能,以信息为主,以处罚为辅。

(二)现实意义

本书对于审计实践的现实意义体现在四个方面:

1.发现了影响审计问责治理效果的因素,从而有针对性地为国家审计问责机制的进一步完善提供改进建议。由于审计信息的重要作用获得了证实,审计机关有必要将工作重心和注意力适当向信息方面倾斜。而对于腐败治理效果的不理想,则应该进一步将责任落实到个人,提升信息的应用效率,完善审计机关同其他问责部门的协作配合机制。

2.提出了目前审计工作存在的短板,指明审计问责的着眼点和发展方向。通过对审计问责、政府腐败行为和政府效率的关系进行实证检验,发现审计问责对于遏制政府腐败行为和提升政府效率的功能不显著。腐败是目前社会矛盾激化、影响政府工作效率的重要因素,审计问责服务国家治理,必须要控制权力滥用,遏制腐败。这是因为国家审计具有与时俱进、重点解决不同的历史阶段中最迫切问题的使命。本书的研究发现提示审计机关要进一步重视对腐败的治理,完善内部和外部机制以进一步加强效果。

3.证明我国国家审计权力配置向信息方面倾斜的重要性和正确性。目前我国《审计法》和《审计法实施条例》及有关法规赋予审计机关的审计权限包括:要求报送资料权、检查权、调查取证权、建议纠正处理权、通报或公布审计结果权、提请协助权等。与处理处罚相关的权力只有处以一些罚金和移交其他部门处理等。虽然信息和处罚权力之间存在严重的不对称,但符合我国国家治理实践和政府行为影响因素的基本规律。从实证结果看,加大审计信息力度对政府行为影响的重要性显著高于加大处罚力度,审计处理处

国家审计回顾

第二章

如何实现对政府的有效问责,进而达到善治,是中国政府领导层和学术界普遍关注的问题。问责确保政府官员的行为和决策受到监管,以保证达到一定的目标,满足一些团体的需求,以实现更好的治理。问责作为实现国家良治的必要途径,必然同国家审计之间的关系非常密切。作为国家治理的重要组成部分,国家审计自产生之日起就有问责的含义,问责是国家审计发挥作用的客观要求。关于国家审计产生的动因,也与政府责任密不可分。国内研究普遍认可受托责任思想是发展审计理论的根本力量,例如杨时展教授曾指出,审计因为受托责任而产生和发展。国家审计是国家整体构造中问责子系统的一个部门,国家审计问责机制是否完善、效果的好坏决定着能否实现国家治理的最终目标。本书从国家治理角度分析审计问责机制,有必要明确国家审计问责和国家治理的关系、国家审计的治理效果、国家审计问责机制和审计问责相关实证研究的现状与研究不足。

第一节　国家审计问责和国家治理的关系研究

国外直接关于审计问责的文献较少,内容主要分散在以民主化、政治改革为主题的论文中。美国等国家的审计体制基本上是立法型或司法型,与中国的审计体制存在较大差异,但对于审计问责和国家治理的关系同样是受到广泛认可的。美国国家审计署[①]存在的目的就是帮助国会监督联邦计划各种活动以保证其履行了对美国人民的受托责任。美国审计长沃克认为成功的最高审计机构的关键要素是激励、透明和问责,并且在三个要素的共同作用下实现效率和可信度的最大化,促使政府改善绩效、增强政府问责能力和前瞻能力。夏博·切莫将政府问责制视为国家民主和善治的支柱,它促使国家、私人机构和社会大众关注效果,寻找明确的目标,发展有效的策略,监督和汇报审计执行情况。政府问责及审计结果的公开、透明是服务型责任政府的必然要求。通过审计步骤和程序的规范化、政府问责和信息反馈的透明化,以及将领导决策者行为和行动的公开化,使信息易于获得和理解,实现政府廉政。在重大的公共财政领域,审计人员能够有效地发现欺诈性的财务报告和被滥用的资产,因此,审计是政府问责制度不可或缺的部分。一些学者进一步指出,由于对财务账目的熟稔优势,审计者可以从职业角度打击腐败,披露违规、违法或不合理的政府行为。

在我国,最早将审计问责和国家治理联系起来的是笑浪,他在总结时任审计长李金华向全国人大常委会作的《2003年中央预算执行和其他财政收支的审计工作报告》基础

---

① 美国国家审计署,United States Government Accountability Office,即政府责任署,简称GAO。

上,将审计风暴与官员问责制度联系起来。审计署原审计长刘家义也在十二届全国人大常委会第九次会议上指出,"审计点名是亮点,如何问责是关键",完善审计问责机制是推动国家审计服务国家治理的关键。本书从国家构造、国家治理内涵、社会契约理论、委托代理理论、公共受托责任理论和权力制约理论等几个角度对国家审计和国家治理的关系进行梳理,在相关文献中重点关注与责任、问责相关的研究。

第一,从国家构造的角度,国家审计问责是国家治理机制的重要组成部分。蔡春认为任何治理结构的建立、治理机制的应用都离不开审计,国家作为一种特大型组织也不例外。他指出,国家治理机制应包含预算、权责对称、权力制衡(约束)、利益公平、行为透明、奖惩问责和审计监督等七大机制,并指出审计监督机制是国家治理问责机制的坚强后盾。张文秀和郑石桥将国家治理结构分为四个层级,问责机制属于国家治理的第三层级,而国家审计是国家治理中政府治理主体下问责机制的重要组成部分。同样是基于系统论,别必爱和张纯峰指出,国家治理可划分为决策、执行、监督三大子系统。所谓的监督包括审计、司法、行政、舆论监督等,其中的审计监督应定位于权力、责任和法律。雷俊生和马志娟认为,审计问责是国家治理的工具之一,有利于加强政府责任、实现国家良治。任何实现良治的国家均有一套良好的问责制度作为保障。不管是发展中国家抑或是发达国家,不管是大陆法系国家抑或是普通法系国家,都以法律形式保障了审计问责的主体和方式,从而使审计部门对公共资源配置、行政权力制约进行问责,完善国家治理。

第二,从国家治理内涵出发,国家审计关注国家治理关键要素"责任"的明确和落实。责任是国家治理的关键要素,建立有限政府和责任型政府是国家治理的有效途径。如何实现对政府的有效问责,进而达到善治,成为中国政府领导层和学术界普遍关注的问题。审计署原审计长李金华强调在运用国家审计这一国家治理工具时,应明确责任、进而落实责任,因为如果政府的责任不能清晰界定,那么错位、越位和不到位的情况就会不断发生。如果政府的责任不能落实,不受制约的分配权,必将让资源自动流向对分配者最有利的方向。进而他指出:国家审计关注责任,但我们无法强制要求谁去承担责任。我们只能坚持一条——让应该进一步追究责任的事诉诸公众,让阳光和社会为问责导航。关注责任是国家审计产生的需要,是民主政治敦促国家审计发展的需要,是国家建立责任型政府的需要。可见,推进审计问责有利于推动我国公共管理真正形成由政府部门与公民社会协调合作以实现公共利益最大化的善治体系。实施问责新政,是推进善治的必然选择。

第三,从国家治理理论阐述审计问责(国家审计)和国家治理的关系,主要是基于契约理论、委托代理理论和公共受托责任理论。

社会契约和委托代理理论。谭劲松和宋顺林认为"国家治理论"秉承社会契约论,是基于不完全契约的代理理论。"国家治理论"认为,国家审计是国家治理的重要组成部分,审计的目标是更好地为国家治理服务。人民将资源和权力托付给政府,形成一种"委托责任关系",即国家治理的派生性契约。审计问责固化了问责中的委托—代理关系,使这种关系所包含的利益冲突能够在规则下得到有序的协调,是强化政府责任、提升政府管理水平、促进良治目标实现的首选工具。谷志军同样认为审计问责和国家治理之间的逻辑关系可以通过委托代理理论来解释。委托人可以通过降低信息不对称和直接对代理人行为进行控制来遏制其机会主义行为,实现这两种途径有效结合的基本机制就是审计问责机制。可以说,审计问责既是这个代理契约实施的监督与保障机制,也是委托人对代理人实施治理的重要基础。

公共受托责任理论。在审计成因理论中,受托责任关系被认为是审计产生和发展的理论基础,即资产所有人为维护自身利益,产生了由独立第三方即审计对受托管理者责任履行情况进行监督和审查,即问责的需求,国家审计是基于公共受托经济责任关系而建立的治理机制。美国公认政府审计准则(GAGAS)指出,公共受托责任是国家治理过程的关键,也是健全民主制度的重要因素。国家审计作为独立第三方通过检查并提供受托责任履行信息,以促进提高公共资源运用绩效,防范风险,确保受托经济责任全面有效履行,维系国家运转稳定,是解决国家受托责任关系冲突的重要手段。张立民依据国家治理现代化的内在要求,提出国家审计是为了落实公共责任,检查、评价与报告公共资源(包括国家财政)的获取、占有、配置和使用过程的信息及其所反映的行为和事项是否符合特定标准、规范,信息质量保障对落实责任至关重要,是实现国家善治的基石。

第四,还有研究从责任的另外一面——权力制约的角度出发,揭示审计问责(国家审计)和国家治理的关系。运用什么样的方法才能实现建立责任政府这一国家治理目标?学者们的普遍共识是建立有效的权力制约监督机制。问责体现的是一种权力关系,是对权力制约监督的具体形式的表述。权力与责任本来是矛盾统一体,权力是责任的保障,责任是权力的目的;权力是责任的产物,责任是权力的制约。二者相互依存,任何一方的缺失都会产生背离目的的结果。审计带有鲜明的政治意义,公共权力的控制和责任的落实是国家审计与国家治理的交叉点。传统监督论观点认为,国家审计通过监督财政财务收支行为,发挥查错纠弊,评价责任,维护财经法纪,改善经营管理,提高经济效益等作用。尹平和戚振东认为,国家审计作为一种权力监督制约工具,通过对权力主体、权力运行行为的审查评价,确保国家公共权力运行安全有效。它本身作为国家行政公权力的一种表现形式,兼具执行性和监督性,作为一种特殊的权力约束机制,在国家治理中扮演着重要的角色。在审计实务界，2012年刘家义审计长提出，审计实质上是国家依法用权力监督与制约权力的行为，其本质是国家治理这个大系统中的一个内生的具有预防、揭示和抵御功能的"免疫系统"，是国家治理的重要组成部分。

关于国家审计服务国家治理的理论很多，其中大部分可以为我们研究审计问责和国家治理关系的理论基础服务，但是关于审计问责服务国家治理的机制和路径的研究还比较少。陈淑芳和曹政认为审计问责具有对治理工作进行评价、防护和监督的功能。雷俊生和马志娟指出，当今各国，国家良治的目标是促进经济社会的持续发展和国家的长治久安，其中政府的主要作用是通过制度供给和秩序维持为经济社会的发展提供有效空间。通过信息引导、市场调节、组织工具、法律强制，促进政策完善，矫正政府行为。审计问责以其综合性、普适性而作用于各类治理工具，甚至成为某些治理工具的作用基础。国家审计问责如何具体地服务于国家治理，仍有待进一步的研究和拓展。

第二节　国家审计治理效果的研究

一、国家审计的腐败治理效果

近年来，有关国家审计功能对国家治理影响后果的实证研究逐年增多，为本书的研究提供了铺垫和基础。

腐败被称为"政治之癌"，国家审计被视为我国一项法定制度，在制约公权力运行、推进反腐倡廉建设方面扮演着重要角色。然而，现有的公开报告和文献中，鲜有对国家审计问责力度与腐败关系深层机制的说明，经验研究更为缺乏。

Liu and Lin和王璐平利用中国省级政府的数据研究发现，腐败越猖獗，国家审计发现的问题越多，并且审计纠正能力能够有效地遏制腐败。李江涛对于经济责任审计运行效果的实证研究发现，经济责任审计力量越强，经济责任审计执行力度越大，越能够预防领导干部职务犯罪。然而，另一方面，李琰和张立民发现审计人员数量、审计查出金额和审计结果处理落实情况与腐败治理的关系不显著。国家审计年年审，腐败问题却依然不减，究其原因是我国缺乏强有力的法律保障体系，国家审计采用双重领导下的审计模式，以及经济责任审计的问责不够清晰，这些因素造成在"审用两张皮"下国家审计的反腐作用是有限的。学术界对于国家审计能否"遏制腐败"存在一定的争议，此外，国家审计"屡审屡犯"受到了公众对其问责效果的广泛质疑，甚至被认为"改不了就不审了"。因此，国家审计对于腐败的治理效果有待进一步的数据考证。

二、国家审计的其他治理效果

除腐败治理外，现有文献还从其他方面如"免疫系统"功能角度、预算监督和透明度角度、政府信息公开等角度考察国家审计的治理效果。

2011年7月，时任审计长刘家义提出了"审计的本质是国家治理这个大系统中一个内生的具有预防、揭示和抵御功能的'免疫系统'"的论断，引导理论界将国家审计的"免疫系统"功能作为提升国家治理水平的体现。马东山根据免疫系统功能的内涵，用审计建议被采纳率表示预防功能、用审计查出违规金额表示揭露功能、用提交审计报告或信息数表示展示功能、用审计处理处罚率表示自身抵御功能、用移送司法和纪检等部门处理处罚率表示配合抵御功能，通过研究得出：我国绩效审计制度，审计预警制度，审计信息披露传递制度和审计与司法、纪检监察及其他相关部门的协同工作机制不健全，导致了国家审计"免疫系统"功能无法充分发挥其对国家治理的作用。刘雷基于审计的免疫系统理论，实证检验国家审计的揭示、抵御和预防功能能否维护地方财政和中央财政安全，结果表明，政府审计的"免疫系统"功能得到了发挥，可以维护财政安全。

政府预算是政府配置资源的重要工具，因此有一些学者将提升预算执行效果、预算透明度作为国家审计发挥国家治理功能的目标，反映二者之间的关系。袁蓓实证检验国家审计的任务广度、查处力度、执行力度和信息披露程度对政府预算执行效果的影响，发现国家审计对于政府预算执行的控制具有一定的有效性。吴秋生和上官泽明跨国研究国家审计能力和政府预算透明度的关系，发现国家审计的独立性、国家审计"免疫"功能主观能动性、审计结果公告能力在促进政府预算透明度提升方面可以发挥积极的治理效应。

李琰和张立民将国家审计推动完善国家治理的路径分为市场治理、政府治理和社会治理三个方面，并实证检验国家审计对这三大治理方面的作用效果。实证研究结果表明，从地方政府来说，国家审计可以有效提高地区经济水平，降低政府行政管理费率，提高政府信息公开水平。李明将提升地方政府行政管理效率、抑制政府人事及支出规模扩张以及治理腐败和促进地方经济发展作为国家审计服务国家治理的路径，并将这四个指标作为国家审计具有国家治理功能的体现，为国家审计和国家治理的关系提供了经验证据。田秋蓉将行政透明度作为民主政治的替代变量，发现审计效果（质量）与国家治理效果相关，即国家审计是能够对民主政治的发展起到推动作用的。朱荣也发现国家审计能够在促进政府透明度提升方面发挥积极的治理效应。孙婷认为，国家审计促进政府治理效果的提高表现为促进地区经济的发展和政府管理部门工作效率的提高，实证结果表明，当前我国政府审计对地方政府治理确实具有一定的促进作用，但单纯地依赖加大政府审计对象与发布审计公告(报告),而不注重审计质量的提高无助于政府治理效果的改善。

从国家审计治理效果的实证研究中,可以发现总结出两个结论:第一,国家审计的腐败治理效果仍然不明确,有待进一步的考察;第二,除腐败治理外,国家审计可能从其他方面,如预算监督、透明度建设或其他角度来服务国家治理,影响治理效果。

第三节 国家审计问责机制的研究

根据本书对于"机制"一词的理解,国家审计问责机制的研究应包含三个大的问题:第一,国家审计问责由哪些要素构成;第二,国家审计如何发挥问责的功能;第三,国家审计问责如何实现国家治理的目标。而从国家审计和国家治理关系的相关文献看,有关审计问责服务国家治理的理论较多,但缺乏对于具体机制和路径的研究。本节主要对"国家审计问责的构成要素"和"国家审计如何发挥问责的功能"两个机制问题的相关文献进行综述。

一、国家审计问责的要素研究

审计问责机制的研究主要着眼于审计问责制度本身框架的构建,从审计问责机构的构成要素展开。侯晓靖认为审计的目的不光是发现问题,更重要的是纠正问题,并通过由谁问责、向谁问责、以何标准问责、问责后的处理等问题来设计和构建我国的审计问责制度。汤小莉理解的审计问责制是政府审计结果中设计的个人或组织使用资产流向、使用效率和使用结果的一种责任追究体系。审计问责应当有一个系统的制度保障,应当建立包括问责主体、问责客体、问责范围、问责依据以及问责程度等在内的一套完整的工作制度。万晓认为,所谓的审计问责机制,就是以"问"的"制度化"来保证"权责对等",并使被审计对象受到责任追究的一种机制。审计问责机制的建立,有利于正确处理审计活动中发现的问题,督促相关部门履行工作职责,认真落实审计整改,减少违法违纪行为的产生。审计问责机制的构成最基本应包含主体、客体、标准、方式和程序等。姜巍认为审计问责制,就是通过政府审计对国家各级行政部门所发生的经济事项进行审计,继而针对审计中所发现的问题,通过"问"的制度化保证权责对等,进而追究国家各级机关及其公务员对其职责和义务产生否定性结果应负责任的一种机制。政府问责制的实施包含发现问题、挖掘问题原因、责任认定、责任衡量进而问责,最后从制度层面将行为予以固化,从而保障政策的顺利执行。它涉及了"问(由谁问、向谁问、如何问)、责(责任认定和责任类型)、制(制度保障)"三个要素。王会金和王素梅同样认为,从责任监督、责任评价及提出责任追究建议的问责角度看,国家审计的问责机制框架应该由"问""责""制"三方面组成。其中"问"包括审计问责的主体、客体、范围、方式(如何问);"责"是指国家审计问责机制的建立健全应以政府责任的清晰界定为前提;"制"是指国家审计问责应以制度、机制的形式加以保障。黄文娟则认为国家审计问责制的构架应包含审计问责的目标、内容、规范、主体、客体和流程六大要素。廖洪和王素梅认为,从功能上讲,审计自产生之日起就带有问责的含义,随着民主政治进程的加快,审计问责的效能日益彰显。从审计内容上讲,国家审计问责的内容随着政府责任的丰富而相应扩充,是现有审计形式转载职能、范围、作用上的适当延伸。从审计深度上讲,国家审计问责是一个政治过程,其深度受民主政治进程和国家公共行政模式的共同制约。国家审计问责的框架分为合规性审计、绩效审计和经济责任审计三部分内容。其中,合规性审计是对政府行为合规性的问责;绩效审计是对政府行为绩效性的问责;经济责任审计是对政府官员和国有企业负责人任期经济责任的问责。

还有文献针对审计问责的要素机制提出相关的建议。张灵芝基于"问、责、制"三个关键词搭建审计问责制,并从干部制度改革、行政岗位规范和阳光行政等角度提出改进建议。李丽也认为我国审计问责在主体、客体、范围、程序和依据方面也都存在刚性缺陷。曹士新、虞建东指出健全审计问责制需要逐步实现从无序问责向有序问责的转变、集体问责向个人问责的转变、行为问责向后果问责的转变以及由经济问责向行政和法律问责的转变。丁宇峰和孟翠湖指出,我国国家审计采用的是典型的行政模式,制度上存在问责主体不明确、问责标准不统一、问责保障措施不充分等问题,导致实践中出现不同机关重复工作、同类案件处理结果差异较大等现象。

相比较而言,冯均科所设想的制度更加完善和全面。他建议以"问责政府为导向"改革国家审计制度,认为问责政府是审计制度建设的基本命题,要从组织制度设计、法律制度设计、人事制度设计、作业规则设计和拨款制度设计等方面来解决,并提出从审计体制的调整、审计职责的转变、审计权限的转型以及审计资源的整合来实现问责政府的突破。张文宗等认为,科学的审计问责制度是审计问责普遍推行的基础和前提,并提出审计问责由本土自创和模仿移植优势集成,法律法规和制度规范双管齐下,激进思维和渐进过程相得益彰,流程再造和业务转型两轮驱动,政府主导和公众参与同频共振的创设。冯亢认为目前的审计模式,缺少权力制衡的制度设计,亟须进行转变,从行政问责模式转向立法问责模式,扩大问责过程中的透明度和参与度,加强公众对政府财政信任。雷俊生认为审计问责的边界反映审计机关与国家治理需要之间的功能适配程度,具有动态性、模糊性和相对确定性等特点。高效的国家治理,需要审计问责构建一个由财政性资金维度、公共利益维度所组成的"弥散性"的二维边界区域,以实现问责范围视觉化、问责力度精细化、问责治理协同化。

要素机制是国家审计问责机制的重要组成部分,现有研究对国家审计问责机制,提出了四要素观点、五要素观点甚至六要素观点,主要包含国家审计问责主体、客体、程序、范围、标准和法律保障等,而没有考虑主体和客体相互之间的内在联系。但根据社会学的定义,"机制"一词表示的是在事物各部分存在的前提下,协调各个部分之间的关系以更好发挥作用,即国家审计问责机制应更多地关注问责主体和问责客体之间的关系和内在联系机理,对于主体、客体的列举只是机制存在的部分内容。

设计审计问责机制,首先要了解国家治理的目标和内容,在参与者各自的约束条件都满足时,采取一定策略使政府的自利行为与国家治理的目标保持一致。因此,国家审计问责机制,除各个要素之外,还需要研究两个问题:第一,国家审计如何发挥功能以实现问责;第二,审计问责如何发挥功能以实现国家治理的目标。现有研究缺乏一个能够对审计问责机制进行全面系统分析的理论视角与研究框架。

二、国家审计的问责功能研究

现有关于国家审计和问责的关系研究集中于国家审计是否具有问责的功能。张文秀和郑石桥认为,国家审计自产生之日起就带有问责的含义,问责是国家审计本质的客观要求。从完善国家治理的角度来说,问责是审计存在的理由,审计是问责实现的保障。审计与问责的密切关系揭示出,审计问责作为一种问责方式是国家治理的重要机制。而马志娟认为,政府问责制与经济责任审计密不可分,经济责任审计是政府问责制进行问责之前必不可少的一环,经济责任审计与政府问责制之间是查责和问责的关系,即问责必先查责。公婷认为,尽管审计对于问责有本质的、必然的意义,这种必然性本身并不能构成问责制。问责所依赖的是公正的原则、可行的目标、合理的体制和有效的程序结合。姜文祥指出,审计问责制是由审计机关和人员作为问责人的问责制度。但是,由于审计机关和人员不具备完整的问责权,即只有检察权而无处理处罚权(或者有一定的处理处罚权,但不能满足对责任人应受处理处罚的需要),所以审计活动只是整个问责过程的一部分。可见,对于国家审计能否完整进行问责,学术界存在一定的争议。

问责机制包括确定目标、获取信息、评价责任并实施奖惩等几个方面的含义。郑石桥将审计视为问责的信息质量保障机制,既可以鉴定政府代理人提供信息的真实性,又可以直接提供相关信息。因此审计业务包含责任认定和直接报告两个内容。郑石桥还用数学语言表述问责和国家审计的关系:委托代理≥机会主义行为≥问责机制≥审计。审计作为问责机制的重要要素,审计主体多样化的原因是问责主体多样化,审计业务类型多样化的原因是问责内容多样化,而审计权限差异化的原因是由于委托人在构建问责机制时给不同主体的权力配置不同。张立民依据国家治理现代化的内在要求,提出国家审计是为了落实公共责任,检查、评价与报告公共资源(包括国家财政)的获取、占有、配置和使用过程的信息及其所反映的行为和事项是否符合特定标准、规范,是信息质量的独立保障机制,信息质量保障对落实责任至关重要。

还有学者认为,审计之所以应该成为一种有效的问责机制,是因为它不仅可以发现问题和报告,同时亦是强化道德观念和责任意识的手段。根据伯孟曼斯·维代克的观点,审计"能够或者应该在规则、效能和民主等价值层面上创造更大的问责透明度,从而能够增强政府政策和行为的有效性、合法性以及对民众诉求回应的有效性"。因此,审计有助于建立一种问责文化。

可见,大部分学者认可了国家审计是问责机制的组成部分,即问责和国家审计之间是包含与被包含的关系,但是对于国家审计如何具体发挥问责功能,研究尚缺乏。

第四节　国家审计问责的实证研究

在中国知网上搜索"审计问责实证研究",符合条件的只有两篇文章,国家审计问责质量的指标也较少,并且直接套用了国家审计质量的指标。本节对代表国家审计质量、国家审计问责质量的指标和相关实证研究进行了总结。

一、国家审计问责质量的度量

在特定的意义上,国家审计问责质量和国家审计质量的指向是相同的。因为,国家审计发挥免疫系统功能、促进民主法治最主要是通过问责实现的,讨论国家审计质量的指标对于审计问责质量具有一定的参考和借鉴意义。

审计效果通常与代表审计质量的指标相联系。社会审计通常采用事务所规模和声誉、审计收费、可操控应计利润等来衡量审计质量。

同样,国家审计质量也通常体现了国家审计的效果,它是指审计人员发现、报告违规违法行为,并予以纠正的联合概率,并被国内学者应用于实证研究中。审计处理执行率是代表国家审计质量和效果的一个较常见变量,指审计已上缴或纠正金额与应上缴或纠正金额的差额或比率。董延安提出政府审计效果的衡量指标体系不仅应该包括"审计活动的效果指标",还应包括"被审计单位的纠正效果指标"。胡志勇将审计处理执行率作为度量审计自主裁量权的大小或幅度;郑石桥和尹平利用审计处理执行率表示审计妥协的程度,发现审计机关地位高,审计处理的执行效率反而低,从中挖掘出我国"行政型+双重领导"体制的弊端,即审计体制是影响审计效果的重要因素。王芳和周红以审计署举办的"全国优秀审计项目评比"的参评项目为数据,认为政府审计衡量指标体现在审计结果的得分上,包括:查出的违法违规资金、移交司法纪检以及相关部门追究责任人、审计报告发表意见的合理性以及审计机关提出的审计建议被上级审计机关采纳情况、审计处理落实情况、社会影响这几个方面。易丽丽认为审计机关的投入和产出即成本效益比能够大致反映组织的绩效。审计成果的统计指标分为审计查出主要问题情况、审计处理情况和审计处理结果三大类,并采用审计部门在编人员作为投入指标,进行合理赋权之后计算审计绩效的综合指标。马曙光认为,对审计成果可以从量和质两个方面进行度量。量是指审计产出扣除审计投入后的净收益,即审计的财务效益。质主要反映的是审计机关是否在审计的过程中保持了应有的职业谨慎,是否遵循了相应的准则,是否提交了高质量的报告以保证利益相关者获得真实可靠的信息。

事实上,在实务界通常更注重过程审计质量,强调对审计过程的质量控制以及审计人员在依法审计的过程中必须遵循既定的审计标准,将国家审计质量定义为审计过程对审计准则的遵循程度。美国政府责任办公室(原美国审计总署)将政府审计质量定义为,审计师按照既定标准依法实施审计,以合理的方式保证被审计单位的财务报表不存在由于错误或舞弊导致的重大风险,并已按照公认会计准则进行披露。我国审计署2010年颁布的《中华人民共和国国家审计基本准则》在第一章第二条中指出,本准则是审计机关和审计人员履行法定审计职责的行为规范,是执行审计业务的职业标准,是评价审计质量的基本尺度。

尽管在实务界过程审计质量更加重要,关于审计问责质量的研究更关注结果,黄文娟认为,审计问责效果应该由金额指标来表示,以消除不同审计领域权力控制效果的差异,并且能够反映审计对受托责任履行情况进行评价的双向过程,不仅应该包括审计查出问题活动的效果,还包括对被审计单位做出的纠正效果。因此,他采用反映被审计单位对审计查出问题所做出纠正力度的指标——纠正类型、纠正金额和纠正率表示国家审计问责的效果,借鉴了董延安对于国家审计质量的解释。本书总结了表示社会审计质量、国家审计质量和国家审计问责质量的指标,具体见表2-1。

表2-1 社会审计质量、国家审计质量、国家审计问责质量的度量指标

	理论和角度	审计质量指标
社会审计质量		1.事务所规模和声誉 2.审计收费 3.可操控应计利润
国家审计质量	从结果角度	1.纠正效果 2.审计投入产出比率 3.审计评比得分
	从过程角度	审计过程对审计准则的遵循程度
国家审计问责质量	国家审计质量	反映纠正的效果
	综合指标	不仅仅反映纠正效果,还且能够体现信息提供的能力和处罚的严厉性

然而,在审计实践当中,国家审计在服务国家治理,发挥问责功能的过程中,不仅仅对违规行为进行检查和纠正,而且还会收集数据和信息、处理信息、提交信息报告和改进建议,移交其他部门处理等,"纠正率"不能充分体现出审计机关在这些方面所做的工作和努力。因此,有必要重新构建一个能体现国家审计多种能力的综合指标。

二、国家审计问责的实证研究

关于国家审计问责的实证研究,主要基于对审计问责本身的讨论以及对国家审计问责效果的影响因素进行检验。黄夏丽和徐莉以审计署2004年—2012年间95个审计结果公告数据为样本进行统计,发现问责主体逐年向审计机关转移、问责客体以实体单位居多、问责范围合规性审计多于绩效审计、经济责任审计效果显著、审计责任未能落实到个人等现象,从国家审计问责机制的完善角度提出了建议,但并没有与国家治理联系起来。黄文娟从实证角度检验了被审计单位数量、审计人员数量、法律处罚力度和经济发展水平等因素对审计问责效果的影响,发现审计机关移送司法、纪检等部门的案件数量与国家审计问责效果正相关,但不显著。可见,国家审计问责的实证研究只是基于影响因素,没有结合它的宏观效果——治理效应进行分析。

此外,有关国家审计问责效果的影响因素研究中,只考虑一些审计机关的结构设置对结果的影响,缺乏对审计部门工作努力程度或处罚严厉程度的分析,从而不能检验出国家审计在哪一环节出现问题而影响问责的效果。例如,处理处罚是国家审计发挥问责功能的一个关键要素,宋达和郑石桥认为国家审计遏制公共部门的预算违规,由审计发现率、审计处理率和审计处罚率共同决定,实证研究发现,审计处罚不力导致了预算执行审计不仅没有抑制还诱导了预算违规。然而,关于问责的另外一个要素——审计信息,能否发挥作用以及如何发挥作用,相关研究几乎没有,这为本书提供了进一步研究空间。

第五节　本章小结

本章通过对现有研究的回顾,得到如下结论:

第一,现有关于国家审计问责机制的研究主要从构成要素的角度进行分析。然而"机制"一词包含两个方面的含义:机体由哪些要素组成;机体如何工作和为什么这样工作。现有研究缺乏对"国家审计如何实现问责"和"国家审计问责如何实现国家治理目标"这两个问题的分析,国家审计问责机制的研究不完整。

第二,关于"国家审计问责如何实现国家治理目标"这一问题的理论研究中,有较为丰富的理论基础,如社会契约理论、公共受托责任理论等,可以为本书所借鉴。但是审计问责服务国家治理需要作用于一些特定的治理工具,如治理腐败、提升透明度等,现有研究对具体的机制和路径研究较少。

第三,在有关国家审计和问责关系的研究中,国家审计和问责的密切联系得到了认可,然而国家审计发挥问责功能的具体实现过程是不明确的。马志娟认为,经济责任审计与政府问责制之间是查责和问责的关系。姜文祥认为审计机关只有检察权而无处理处罚权,因而不具备完整的问责权。对于审计信息和处罚如何在问责中发挥作用,如何影响政府的行为,都缺乏进一步的研究。

第四,在国家审计治理效果的研究中,代表治理效果的指标较多,体现为免疫系统功能、预算监督功能、腐败治理功能等。有一些国家审计腐败治理功能的实证研究验证了国家审计具有遏制腐败的功效。然而,这一结果与公众所诟病的"屡审屡犯"不符,有待进一步验证。国家审计通过何种治理工具提升国家治理的效果,也有待进一步验证。

第五,缺乏能够有效衡量审计问责质量的综合指标。现有研究大部分采用审计纠正率表示审计问责的质量,然而根据Schedler对问责的定义,问责应包含两个基本要素:信息和处罚强制力。审计发现问题金额和纠正金额是问责效果的其中一个方面,但并不全面,无法反映审计机关在提出改进建议、移交处理等方面所做的努力和结果,而目前实务界通常也更注重过程审计质量。这为本书利用审计机关工作情况统计表中的相关变量构建反映审计问责质量的整合指标奠定了基础。

第六,缺乏对"审计问责哪一环节引发其治理效果不佳"这一问题的分析。现有研究大部分从构成要素的角度出发分析问责效果不好的原因,如国家审计应扩大问责主体、增加问责范围等,无法反映审计机关在实际工作中存在的薄弱环节,审计机关是提供的信息程度不够抑或是处罚力度不足,这一问题有待实证的回答。

第三章
理论基础和机制分析框架

本章的目的在于呈现审计问责服务国家治理的理论基础,构建机制分析框架。深入分析和讨论审计问责在促进国家治理目标实现、控制政府经济人行为的必要性和重要性,为国家审计的问责功能分析以及国家审计问责的目标实现功能分析奠定基础。本章的理论基础包括国家治理理论、政府理性经济人属性,从国家治理目标实现以及政府理性经济人属性对国家治理目标实现的阻碍出发,分析审计问责机制产生的动因,并建立国家审计问责机制的理论分析框架。

第一节　国家治理理论

《经济研究》期刊编辑部王诚教授认为,发展国家审计理论,应根植于国家治理理论。这是因为,国家审计与国家治理是相伴相生、相互依存、相互促进的关系。从审计历史层面而言,国家审计与国家治理具有浓厚的历史渊源;从法律层面而言,国家审计依法建立,是国家治理的重要组成部分;从实践层面而言,国家审计功能发挥可以促进国家治理的改善。"治理"一词,它在当前仍然只具有原理论上的意义,要么只是规范研究的一个概念性主题,要么只是经验研究的一个描述性术语。因此,对于今天的政治学理论而言,一个极为重要的问题是,能否将"治理"转换成为一个分析性的概念,或者一个理论,特别是推动它成为一个有效的政治学理论。本书认为,作为一种理论分析框架,国家治理理论应从国家治理的内涵和政府受托责任两个角度,挖掘国家治理的核心内容,确定国家治理目标,作为审计问责产生的动因。

首先,从治理的内涵出发,"治理"一词主要意味着"创建以公民为中心的治理结构"的过程。在我国制度背景下体现为以政府领导为核心与社会公众合作,并积极引导它们有序、正确地参与管理。在现阶段的中国,由于我们经济、社会发展水平相对西方发达国家来说还是比较低的,无论是经济发展还是社会管理,都还离不开一个强有力的政府。政府承担着经济、政治和社会管理的职能,因此,政府行为结果的管理成为重中之重。

其次,国家治理理论应秉承社会契约理论,发展至今突出体现为公共受托责任理论。作为政府履行受托责任的体现,国家治理的基本目标即促进公共利益的实现。在国家治理基本目标的引导下,又包含着由政府主导的经济、政治和社会层面的具体目标,是政府履行公共受托责任的内容,也是公共利益实现的具体体现。

审计问责产生的动因即监督和促进政府履行受托责任,为公共利益服务,促进经济的发展和保障经济安全,提升政府行政管理的效率,引导社会公众广泛地参与到国家管理中,以实现善治的要求,这也是国家治理内涵的充分表达。

一、国家治理的内涵

(一)国家治理强调治理主体多元化

党的十八届三中全会指出,全面深化改革的总目标是"完善和发展中国特色社会主义制度,推进国家治理体系和治理能力的现代化"。其中,"治理"是关键性概念。关于"治理"的内涵,国内外都有着丰富的文献对其进行解释。罗西瑙提出治理的主体未必是政府,也无须依靠国家的强制力量来实现。格里·斯托克认为"治理出自政府、但又不限于政府的一套社会公共机构和行为者,它指行为者网络的自主自治"。治理是各种公共的或个人和机构管理共同事务的多种方式的总体。在政府公共服务中,引入公司治理的手段和激励机制,从而实现政府与社会公众、中央与地方政府、营利性和非营利性组织之间的交流与合作。罗茨还认为治理国家要清楚界定政府的职能范围,减少行政开支,以最低的成本收获最大的利益,建立效率、法治、责任、开放、能力的公共服务体系。而格里·斯托克认为政府的能力和责任在于动用新的工具和技术来控制和指引政府的权威。因此,在今天的西方学术话语语境中,"治理"一词主要意味着"创建以公民为中心的治理结构"的过程。

尽管将公民置于中心或优先位置似乎已经成为现代国家治理变革的不二之选。但实现"没有政府的治理"无论在中国抑或是任何发达国家,目前都是不可能实现的。由于公众的治理能力和体制的缺乏,由每一个个体单独治理国家是难以实现的,而只能强调公众参与治理。尽管目前我国国家治理的领导力量仍然是政府,但并不意味着放弃与人民的合作与互动。立足于治理理论来重新挖掘政府在官民合作治理中的作用和地位,既是治理理论进一步发展的道路,也是治理理论能够中国化,能够有效地解释中国善治发生、发展的一种可能。

(二)政府仍然是国家治理的领导力量

治理理论强调政府与社会之间的互动,但并不倡导社会公众直接治理国家,在我国的制度背景下更是提出政府在与公众合作中的重要作用。因为组织是现代社会的基础,更是国家治理活动的基础,它既提高了国家治理的效率,也是国家治理存在问题的根源。因此,有必要将政府自身的治理重点纳入国家治理的视野之中,视之为政府制定和执行规则、提供公共服务即与社会公众交流和互动的职能和能力。在现阶段的中国,由于我们经济、社会发展水平相对西方发达国家来说还是比较低的,因而无论是经济发展还是社会管理,都还离不开一个强有力的政府。中国共产党十六大以来,在党的文献中持续表达的"党领导人民有效治理国家",即国家治理战略和根本要求在国家治理意义上的典型体现和凝练表达。

政府是国家治理活动的主要执行者,首先,政府是市场经济的"有形之手",通过转变政府职能、健全宏观调控进行经济和市场治理活动。党的十八届三中全会提出,"科学的宏观调控,是发挥社会主义市场经济体制优势的内在要求。"可见,政府对于市场和经济活动的治理,是国家治理的重要内容。其次,政府通过对自身的内部管理,减少寻租、贪污受贿和渎职发生,优化政府组织结构,改进政府运行方式和流程,强化政府的治理能力,从而使得政府全面正确履行职能,提高行政管理的科学性、民主性和有效性。第三,政府作为社会管理主体,通过信息公开与社会沟通交流,在党委领导、政府负责、社会协同、公众参与和法治保障的基本格局下,对社会公共事务进行管理。可见,政府的行为结果决定着国家治理目标的实现。

在政府作为国家治理的领导力量时,责任是其体现服务性的一种保证和约束。公司治理当中,复式账簿、权责分明,第三方认定和审计是最基本的规定。明确责任能够确保尽早发现日常工作中的错误、欺诈和偷盗之类的严重问题。企业投资更需要及时问责,因为缺少监管对公司形象和绩效都会产生严重后果。而在国家治理当中,依法定责而治是其根本途径。责任成为很多改革的驱动力,加拿大《联邦政府责任法案》的建立和执行是一个例子。政府出台一系列法规都是在完善治理,提高加拿大公民对于选举官员的信心。俞可平提出"善治"的理念,即以合法性、透明性、责任性、法治、回应、有效标准和规范,缓和政府与公民之间的矛盾。责任性要求政府在提供公共服务时必须按照相应的规则行事。没有责任性的要求,就难以保障社会治理中心真正体现服务性。

因此,国家治理的内涵包含两方面的内容:第一,治理主体多元化是国家治理理论的一个特征,也是它的核心观点。无论对治理的理解有多么不同,无论有多少种治理理论,但有一点是共同的,那就是治理强调改变政府是社会管理的唯一权力核心的局面,建立多中心的社会管理体系,在我国突出体现为党或政府领导人民积极、有序、正确地参与管理,以及政府和公众之间的利益协调。第二,无论是合作治理,还是公众参与,政府仍然是国家治理的领导力量,政府自身的属性和行为影响国家治理的效果。责任是政府进行国家治理活动的关键要素,要求政府的行动为公民的利益和需求负责。当政府机构或个人无法保障相关公民利益要求时,政府机构或个人就要承担相应的责任。而宏观理论中的责任控制问题,进一步深化成为个人主义传统中的"委托—代理"难题。

二、社会契约和国家治理

国家治理理论根植于国家的解释传统,如何理解治理取决于如何解释国家。社会契约理论作为一种国家理论,也是问责制的主要理论来源,是问责理念的逻辑前提。国家是自然状态下的人们按照理性原则而形成的社会契约。在政府产生以前,人们处于自然状态,并拥有与生俱来的自然权利,由于人民在自然状态中生活不方便或不安全,因而相互订立社会契约,交出自己的部分权利,由此组成了国家或者政府。

社会契约理论思想最初来自霍布斯和洛克的相关论述,成形于卢梭的著名论著《社会契约论》。在该论著中,卢梭详细阐释了政府权力的合法性。他认为,人类进入私有制社会以后,由于人们相互间总是存在利益冲突,经常会导致社会秩序混乱,使个人财产、自由乃至生命经常处于无保障的状态。因此,人们签立契约,以公意约束的方式来保障个人的社会自由及其所享有的一切财产物品的权利,同时,人们又与政府订立契约,使政府获得对社会的治理权力以保证这个公意契约的实施。在社会契约论看来,国家和政府的一切权力来源于公民与公民之间的契约,其权力行使的目的是保障社会全体成员的公共利益,或者说,它必须将其所获得的普遍强制力用于公意契约的维护。由此推论,国家和政府的正当性或合法性是建立在公民与公民以及公民与政府之间签订的公意契约基础上的。人民不仅是权力的主体和社会发展的根本动力,而且是国家主权的拥有者。因此,契约的成立则意味着政府在获得合法公共权力的同时,也负担着以契约的内容来约束国家与政府行为,保证权力正当行使的责任和义务,同时要接受人民的监督,保证政府的行为和活动必须符合人民的意志。

当代国家是由法律规定的。国家的外部认可靠国际法来调节,国家的主权靠军队来维护,国家的内部治理更是靠以法律形式予以保护的国家机器来维持。"一切皆有规则",说明了在当代国家中法律的重要性。而法律就是社会契(公)约。"唯有一种法律,就其本性而言,必须要有全体一致的同意,那就是社会公约。"虽然谁都没有真正签署过一纸契约,但宪法可看作人民与政府之间的契约,宪法规定了政府和公民享有的权利和义务。英国学者 Sherer 和 Kent 认为,现代社会中,任何形式的组织,无论是公营的还是私营的,无论是营利性的还是非营利性的,无论是政府的还是非政府的,无论是企业、公司、事业单位还是慈善机构,都是因为某种或某些特定的委托受托关系即契约关系而存在。国家是一种特殊的组织,是一种机构复杂且分工精细的特大型的组织,但同样是基于公民与政府之间的特殊的委托受托关系。契约论中,人民和政府的关系本质是一种委托代理关系。根据 Williamson 的思路,国家治理要设计交易成本较少的治理机制,以监督契约方事后的机会主义行为(代理问题)。为解决不完全契约中的代理问题,契约要求设立专门的监督部门(治理机制)。两权分离(所有权与经营权)导致代理问题的出现,审计既是这个代理契约实施的监督与保障机制,也是委托人对代理人实施治理的重要基础。当这种审计与治理关系应用于国家层面时,就形成了国家审计与国家治理关系,委托代理关系随之转化为人民对政府的公共受托责任关系。

三、公共受托责任和国家治理

(一)公共受托责任和国家治理的关系

无论是国家审计还是问责机制,都是源于国家治理的需求。公共受托责任也是一种国家治理理论,是社会契约理论、委托代理理论在国家层面的延伸和拓展,它既解释了国家治理活动的实施者——政府规范自身行为的基本动因,又说明了国家治理的基本内容,是当代公共管理理论以及经济学理论和管理学理论中最核心的概念。

国家治理的实质是通过配置和运行国家权力,对国家和社会事务进行控制、管理和服务,确保国家安全,捍卫国家利益,维护人民利益。国家治理伴随着国家和政府的产生而产生,政府作为国家治理的领导力量,其责任的履行、捍卫国家利益和人民利益是国家治理的基本内容。而公共受托责任理论认为,公民基于契约将权力和资源赋予和委托给政府,政府的行为和活动必须符合人民的意志,为促进公共利益而服务,这又体现出了国家治理的实质。可以说,政府受托责任的内容体现了国家治理的内容,政府履行公共受托责任、维护公共利益是基于国家治理的需求,也是政府得以建立和持续存在的基础。1994年,世界银行在《治理:世界银行的经验》中指出,政府机器对其行为完全负责,构建责任政府。治理关注的重点是良好的治理行为及效果,即政府在使用掌握的公共资源进行社会、经济活动时,需要公正、透明地对待所有公民,履行其对公民所承担的公共受托责任,以保证其公共管理的公平性、效率性。美国政府会计准则委员会将公共受托责任解释为政府从事各项社会公共事务管理活动的义务,并认为受托责任目标是"至高无上"的,其他所有目标都必须服从于受托责任目标,正是因为受托责任的目标体现了国家治理的目标。

总之,公共受托责任的内容体现了国家治理的内容,公共受托责任的目标也体现了国家治理的目标。

(二)公共受托责任的内容

为了完成国家治理的目标,实现公共利益,政府的公共受托责任是非常广泛的,具体包括行为和报告两个层面。一方面,按照社会契约理论,公众将资源和权力委托给政府,政府行为应当从人民的利益出发,通过一系列经济、政治和社会活动管理公共资源、合理行使公共权力。另一方面,政府应当向公众及其代表(立法机构)报告其受托责任的履行情况。因此,政府应该履行三种受托责任:管理公共资源、使用公共权力、报告资源和权力的使用情况,这在国家治理中体现为经济、政治和社会治理各个层面的内容。

首先,公众将资源托付给政府,政府具有合法、高效率地管理公共资源的责任。公共资源的配置和使用与普通民众是息息相关的,因此是委托人关注的焦点。政府对公共资源进行支配和运用,其行为结果直接关系到公众的利益和需求。因此,公共受托责任要求政府按照经济性、效率性、效果性来使用和管理公共资源,以最大限度满足公众的物质利益需求,这在国家治理的内容中体现为满足人民对于经济发展的要求。

其次,公众将权力托付给政府,政府行使公共权力必须以维护公共利益、保证权力不被滥用为前提。公共权力的合法性建立在公民与政府之间的权利委托基础之上,它规定着政府与公民在权利与义务方面的双向依存关系,即权力的存在必须依托一定的责任,政府要检查和监督公共权力的执行,使权力滥用最小化,运行目的在于保证政府运作的有效性和高效率,这在国家治理的内容中体现为人民对政府廉洁和改进行政管理效率的要求。

最后,政府除了按照公众的意图和契约如实、有效地履行管理公共资源和使用公共权力的责任之外,还应该将受托责任的履行过程和结果向公众加以报告、解释和说明。因为"如果会计涉及他人财产和相应的委托代理问题时,定期报告就成为必要"。Sinclair认为,提供报告是政府解除公共受托责任的唯一方式,也是社会公众对政府活动检查的基础。现代国家治理语境下,政府提供报告满足了公众的知情权,可以使公众向政府反映经济、政治和社会发展中产生的问题,帮助政府履行受托责任,从而促进政府和公众开展合作,间接实现社会公民治理国家的要求。

(三)国家治理的内容

政府的公共受托责任的内容体现在国家治理的内容当中,国家起源的社会契约理论认为,人民将资源和权力交给政府,政府的受托责任就是为公共利益服务,而不是个人利益。搞清楚政府到底要"做什么"才能从真正意义上促进人民公共利益的不断增长,就能理解国家治理的内容应该是什么。在契约关系中,政府应该履行最基本的三种受托责任:管理公共资源、使用公共权力、报告资源和权力的使用情况,这在国家治理中体现为经济、政治和社会治理三个层面的内容。因此,本书将国家治理内容的基本框架转化为三个领域:经济治理、政治治理和社会治理。

历史唯物主义认为,国家和社会是人类活动的组织形式,是由人结成一定的关系组织起来的。而人与人的关系除了自然属性的血缘关系外,从宏观角度看无非是经济关系、政治关系、社会关系。国家治理体系就是规范社会权力运行和维护公共秩序的一系列制度和程序。它包括规范行政行为、市场行为和社会行为的一系列制度和程序,政府治理、市场治理和社会治理是现代国家治理体系中三个最重要的次级体系。经济、政治与社会是影响国家发展与变革的三个重要因素。国家发展的基础点不外乎是两个根本问题,一是政治,二是经济。而社会系统是维持国家安全稳定的重要方面。为了更准确、更深刻地理解国家面临的环境与挑战,需要全面分析经济因素、政治因素和社会因素的变化。从我国的现实国情出发,国家治理的矛盾主要体现在经济、政治和社会治理层面。党的十八大提出,要全面落实经济、政治、文化、社会和生态文明建设总体布局,可见,经济、政治和社会建设仍然是建设美丽中国、实现中华民族永续发展的主要方面。

因此,从公共受托责任的内容、国家治理自身需求和我国的现实国情来看,经济治理、政治治理和社会治理是实现公共利益的必要途径,是国家治理内容亘古至今发展不变的主题,是国家治理的主要体现。

四、国家治理的目标

国家治理理论要求政府从公共利益出发进行服务,履行受托责任,而政府责任又通过经济、政治和社会治理的内容体现出来。国家治理的目标与内容是紧密相关的,政府履行公共受托责任的结果决定着国家治理目标的实现。本书根据公共受托责任理论和国家治理的核心内容,将国家治理的目标划分为基本目标和具体目标,具体目标体现在经济、政治和社会治理三个层面当中。

(一)基本目标

社会契约和公共受托责任理论认为,人们将资源和权力交托给政府,政府作为公共资源的管理者和公共权力的使用者,其行为影响着全社会。人们建立政府、愿意拥立和服从一个政府的初衷,是希望它能够代表人民的愿望和意志。政府的行为目标,应是力求全社会的有限经济资源的合理配置和充分有效利用、保持经济稳定和维护社会公平,最大限度地弥补、矫正市场缺陷;同时力求把政府失灵及其政府活动的消极影响降到最低限度。国家管理强调国家的公共性,它是国家政权在处理社会公共事务过程中对各种投入要素的优化组合和高效利用,以实现国家利益和国民利益等社会公共利益的最大化。在统筹推进"四个全面"的战略布局中,要求正确处理市场、政府、社会和个体四者之间的关系,有效地维护和实现公共利益,并最终在维护和实现公共利益中提升国家治理能力和实现国家治理体系的现代化。因此,国家治理的基本目标就是促使政府履行受托责任,促进公共利益的实现。

(二)具体目标

本书将国家治理内容的基本框架转化为三个领域:经济治理、政治治理和社会治理,每一领域又有着各自需要实现的目标。

1.实现经济平稳快速发展和经济安全

对于人民而言,生存与发展是最基本的利益要求,经济的平稳快速发展和经济安全是公共利益的一大方面。

对一个国家来说,经济发展和安全的重要性更是不言而喻。在21世纪这个风起云涌的时代,随着经济的全球化,世界经济的发展给中国的崛起带来了一系列的机遇,同时也带来一系列的挑战。对外开放程度提高,对外依赖程度也增加,威胁国家经济安全的隐患越来越多,这种情况下,防范经济风险和金融危机,保障经济安全,显得异常重要。此外,大力发展和解放生产力,不断提高经济发展水平,是提高我国经济体在全球经济治理当中话语权的主要途径。大力发展经济,我国综合经济实力的提升需要各个地方政府共同努力,地方经济发展了,国家整体的综合国力才能显著提升,应对挑战。因此,实现经济平稳快速发展和维护经济安全,提高人民的生活水平和安全感,就是实现公共利益、服务国家治理的首要目标。

2.提升政府效率

提升政府效率是政治治理的目标。政府作为政权组织和公共品生产、管理部门,其目标是实现社会公共利益最大化,政府通过非市场机制而提供公共品的成本与收益往往没有直接联系。政府活动缺乏降低成本、提高效率的动力,出现政府失灵的情况。解决政府失灵的重要途径之一就是提高政府效率。效率指以最少的资源达到目标。现代公共管理学指出,效率主要指公共部门的行政效率,是行政机关的工作效率。治理是一种偏重工具性的政治行为。无论在哪一种社会政治体制下,无论哪个阶级进行统治,谁上台执政,都希望有更高的行政效率,更低的行政成本,更好的公共服务,更多的公民支持。然而,在现实中,政府公共权力的滥用、制度的不完善、官僚主义和形式主义的泛滥等阻碍了政府效率的提升。

政府拥有公共权力本来应该提供公共服务,但由于种种原因,却打着提供社会公共产品的招牌,以权谋私,为政府部门或个人的利益而损害社会公众的利益,最后提供的可能就是公共灾祸。因此,对权力的控制成为提升政府效率的重中之重。

此外,由于政府是制度资源的供给者、配置者,所以政府应在制度上有效,这体现在完善的制度管理与制度激励。作为有限理性的政府只有在科学合理的制度约束和激励下,才能减少或消除政府寻租、消极怠工行为,降低交易成本。如果缺乏科学合理的制度,不但使公务员无用武之地,而且使财政预算失控,浪费大量人力、物力,增加政府无形成本,降低政府效率。可见,政府效率的提升依赖于完善的人力、物力和财力的管理与激励机制。

3.公众和政府的利益协调,实现公众广泛参与

国家治理理论要求政府从公共利益出发进行服务,履行受托责任,而从治理的概念出发,国家治理不仅仅意味着提供公共产品,还要聆听人民的呼声,充分调动社会公众的

积极性与参与性。"治理"一词主要意味着"创建以公民为中心的治理结构"。公共利益的需求由被动接受逐步转变为主动参与,呈现出治理主体多元化的状态。

然而,政府在进行公共服务活动中,存在着形形色色、纵横交错的利益和利益主体,不同类型的利益之间存在差别和矛盾,不同利益主体之间也存在着利益矛盾甚至利益冲突。而政府和社会公众之间的利益冲突是阻碍官民信任、合作和实现善治最大的阻碍。协调政府和公众之间的利益关系,能够在内部创造一个亲密合作、团结一致的内部环境,也能够争取到一个共同发展的外部环境,使政府内部与外部公众之间处于和谐的状态,让政府在与公众的沟通、协调中建立和发展良好的形象。

在利益和关系协调的基础之上,政府引导公众逐步、有序地参与到社会和国家治理活动中。所谓公众参与,就是社会公众通过各种渠道和方式参与到政府专设的公共机构对国家公共事务的控制、管理和服务活动中,以提高政府公共机构的管理和服务水平。

第二节　政府"理性经济人"假设

无论是经济治理、政治治理还是社会治理,政府都作为主体参与甚至主导,因此政府的理性经济人属性对于国家治理有着重要的影响。理解政府的理性经济人属性影响其行为和国家治理的机制,能够为我们如何更好地利用这种属性改进政府行为和服务国家治理提供思路。

一、人的基本属性

人的属性是人类学,或者社会学范畴的概念。人是历史发展的主体,人及人性的变化也决定着经济、政治和社会的变化。研究国家治理,有必要涉及人和人性的发展。

人既有自然性一面,又有社会性一面,二者都是人不可缺少的属性。自然属性是人类生存和延续的前提条件。人类几千年的进化史中,最基本的属性为食欲和性欲。正是人的这两大基本的自然属性,才使得人类生存和繁衍。

除了自然属性,社会性也是人最主要的、根本的属性,是人之所以区别于动物的特殊之处。人能够利用工具进行劳动,进行社会分工和高级的思维活动,正是基于此,人类能够位于食物链的顶端,改造自然,在社会中交流生存。马克思说:"任何一个民族,如果停止劳动,不用说一年,就是几个星期,也要灭亡。"人不仅能适应社会,融入社会,受社会制约,而且能够认识和利用自然规律,以自身的有计划、有目的行为来改变自然界。马克思在《关于费尔巴哈的提纲》中指出"人的本质是一切社会关系的总和",从而揭示了实践是人的存在方式。

关于人性的研究非常多,大部分都是从人的自然属性和社会属性来进行的。休谟指出,人的心灵、性情和身体结构同一般的动物都是相同的,主要区别在于:1.人是理性的;2.人是社会的;3.人是在不断实践的。霍布斯将人的本性定位为自私,它认为人具有狼性,总是想将好处据为己有。洛克指出,人类自出生就有一种珍惜生命、热爱自由和保护私有财产的欲望,自利是人的基本性质,可能会出现利己害他的情况。沙夫茨伯里阁则认为,人生而善,具有为全社会服务的天然属性,如果符合公共利益则是美德行为,如果危害公共利益,自私自利,则为恶德行为。曼德维尔进一步指明私人恶德同公众利益是一致的。个人利益和公共利益成了一座桥梁的两端,在一定条件下,自利行为有可能能够促进社会的整体福利。这就是著名的亚当·斯密提出的"看不见的手"。也就是说,尽管每个人都只追逐个人的利益,最后也同样推动了整体福利的进步。

不管人性如何定义和抽象,它都是极其复杂的,它对人类社会发展的影响也是巨大的。所以,研究国家治理时,就不得不研究参与治理活动的人,从而就不得不研究不同人的不同需要,研究人性、人性的变化及其对治理活动的影响。

二、经济人属性与政府行为

(一)经济人的内涵

在西方管理学中有一系列关于人性的假设,包括经济人假设、社会人假设、自我实现人假设和复杂人假设等。这些假设都和各自的研究目的有关,通常总是会忽略一些次要因素,来重点解决某个问题。经济人范式是社会经济活动中一个非常常见的分析工具。

在现实经济活动中,追逐个人利益最大化的人被经济学家们称为"经济人",它是分析很多问题最为基本的前提。经济人的假定能够解释现实社会中人的很多经济行为。

"经济人"的内涵十分丰富,但最核心的是利己。利己,就是追求自己利益最大化。人类生来就是利己的,所谓利己之心,人皆有之。"天下熙熙,皆为利来,天下攘攘,皆为利往。"每个人都会"关心自己的利益",人的主观动机和客观效果都是追求自利,都是为了满足自己的物质利益。经济人的概念来自亚当·斯密《国富论》中的一段话:每天所需要的食物和饮料,不是出自屠户、酿酒家和面包师的恩惠,而是出于他们自利的打算。不说唤起他们利他心的话,而说唤起他们利己心的话,不说自己需要,而说对他们有好处。西尼尔定量地确立了个人经济利益最大化公理,约翰·穆勒在此基础上总结出"经济人假设",最后帕累托将"经济人"这个专有名词引入经济学。现有文献中对于经济人假设的解释为:经济人是以完全追求物质利益为目的而进行经济活动的主体。人都希望以尽可能少的付出,获得最大限度的收获,并为此可不择手段①。在行政活动中,寻租、腐败、"数字出官、官出数字"等现象是政府部门公务人员私利意识膨胀的典型表现。人不仅具有经济属性,而且是理性的。"理性"指人的自利并不是盲目的,而是以个人利益出发,首先经济地计算得失。私利对于经济社会的发展也可能会产生一定的促进作用。经济人的利己心不仅仅表现为追求物质收益,而且包括对于名望、地位、权力的追求。这种需求在经济组织中表现为不断把企业做大做强,以取得越来越大的发展成就感和越来越多的社会承认;在政府组织中表现为希望得到公众的持续支持和认同。因此,经济人属性是国家治理领域必须讨论的范畴。

(二)公共选择理论和政府属性

经济人范式不仅仅能分析经济问题,而且能够被拓展至政治领域,公共选择理论就是一个例子。它认为,无论是政治还是经济行为,人的自利动机都起着支配作用。人参与政治不是因为公共利益,而是实现个人利益。公共选择理论用经济人范式分析经济和政治活动中的个人行为,能够帮助我们了解政府工作人员为何如此行动以及决策。

布坎南利用经济人的相关理论解释国家治理的问题,并从中提炼出公共选择理论。他认为,政府行动和社会选择的基本单位是个人,因此个人的目的以及动机影响政治和公共领域的治理过程。在这一过程中,个人总是在追求自我利益的最大化。无论具备自利动机的个人进入市场演化为一个商人,还是进入公共部门后成为一名官员,他依然只是追求自身利益的普通人。因此,布坎南说,如果个人是效用最大化者,那么他无论是进入市场还是非市场内,动机和品行都不会产生变化。公共选择理论受到广泛的支持,经济人假设也逐渐成为政治经济学的基本命题。

公共选择理论认为,人与人之间是相互影响的,市场和政治活动中进行着各种个人行为。市场条件下,人与人之间通过交换获得自己想要的东西,相互促进,达到双赢,从而提升社会总体福利。在政治活动中,政府机构与人和其他组织之间同样通过资源交换来缓解矛盾、制定政策、形成合作等,类似于一种"政治市场"。政治市场,就是人们在政

---

① 中国古代也有很多学派对人的私欲进行分析。例如中国古代的法家以"冷眼静观的理智态度,冷冰冰的人际关系算度,冷酷无情的利己主义",深入到人际关系中最粗俗,但又最基本的物质需求关系层次,认为"舆人欲人之宝贵,匠人欲人之夭死;卖庸者致力,主人家美食;统统不过是围着'利'字打转",至于君臣共事,无非是因为"主利在有能而任官,臣利在无能而得事;主利在有劳而爵禄,臣利在无功而宝贵;主利在豪杰使能,臣利在朋党用私"。明朝李贽认为,人们的道德观念、世间的万物之理,是人们对"衣"与"饭",即实在的物质生活资料的要求。"夫私者,人之心也。人必有私而后其心乃见,如无私,则无心矣",此话肯定了人们私欲的正当性。黄宗羲指出:"有生之初,人各自私也,人各自利也。"

府机构中与其他政府工作人员或机构发生联系的场所。在政治市场中,政府好比公司,政府官员好比公司职员,公众作为客户,政府提供公共服务、配置公共资源就是在提供产品。此时人民和政府之间的关系就如同市场中的生产者与消费者。人民以投票的形式选择对自己好处更多的政府领导人和公共政策;政府则以制定政策和保障政策有效执行的形式,获得人民的支持,进一步达到对权力、地位和名誉的期望。可见,个人利益的实现决定了经济和政治市场中交易能否成立。人在政治活动中的动机、逐利动机没有理由会因为改变环境后就发生了变化,只会更加显著①。

既然人在政治活动中具有相同的理性经济人属性,政府又是人的抽象组合,那么政府行为也会受到人的自利动机的影响。唐斯曾经说过,在政治生活中,官员同公司管理者是相同的,为了达到自己的期望,他们会制订一些符合自身偏好的政策,就如同公司管理者会尽可能多地生产和销售为自己带来最大利润的产品。政府官员的自利动机体现为获得尽可能多的政治支持,因为政治支持能够为他带来更多的选票或者连任。因此,他会主动地制定或者颁布能为自身带来更多选票支持的政策,在这一过程中,往往会发生寻租、交易、腐败的情况。一些利益集团为了使政策对自己更加有利,往往采取捐款、游说、贿赂的行为,对决策者施加压力。从而使资源更多地流向少数利益集体,浪费公共资源,出现贫富差距。尼斯卡兰基于这一理论构建了官员预算规模最大化和官员效用最大化两种模型。他指出,官员作为追求利益最大化者,他的效用函数包含了多个变量,如政府规模、声誉、额外利益、权力和地位等。几乎所有效用都与获得的预算多少相关。这也使得具有理性经济人属性的政府官员在特定的制度约束下努力寻求自身利益的最大

① 公共选择学派在论证这一点时提出了四个理由:第一个理由是现实考虑。现实政治活动中的利己主义动机、经济利益动机越来越明显,没有理由断定同一个当事人在市场经济活动中追求个人物质利益,而一旦转向政治活动后就不再如此。第二个理由是基于方法论上的一致性考虑。如果假定人们具有个人利益动机,其利己主义在任何环境中都是一致的,就可以正确地对约束个人活动的不同制度环境进行比较,真正地看到人们行为动机一致时不同制度约束的区别,把个人行为结果的差异归因于不同制度的结构差异,从而将研究的重点转移到制度上来。这种经济学思维,对政治学研究方法具有深刻的启发意义。第三个理由是认为应把道德主张与实证分析区别开。无论是在市场中还是政治活动中,必须把反对人们过分追求私人利益的道德要求与个人的实际行为明确区别开。在考虑个人追求效用的行为受什么因素影响时,不应动辄就首先从道德角度上采取立场,更重要的则是对人们的选择进行客观的实证分析。第四个理由是理论创新意义。承认利己主义或经济利益动机是人类行为的一个方面,并不意味着所有的人都只追求个人利益,或一个人在任何时候都只追求个人利益,但是,只要政治活动中的个人行为有一部分实际上是受效用最大化动机驱使,只要个人与群体的一致达不到让所有的个人效用相同的程度,那么政治活动中的经济个人主义模型应该是有一些积极价值的。这里的积极价值,就在于它可以弥补传统政治学理论的许多不足,让我们用一种更清醒的现实主义目光来看待社会问题。

化,从而引发政府机构臃肿、效率低下和官僚主义等弊端。

三、政府行为和国家治理

经济、政治和社会治理虽然分属国家治理的三大领域,但实际上都有一个共同的行为主体:"人",这里的人指政府"经济人"。政府是由政治家、官员和公务人员构成的,是理性"经济人"的抽象组合。经济活动、政治活动和社会活动都是由"经济人"这一主体执行,其行为结果和目标很大程度上受到政府人员的动机影响。从公共受托责任的角度,政府履行公共受托责任的结果决定着国家治理目标的实现。政府行为是政府履行责任的途径。政府行为是政府职能运行过程的具体外化,政府职能必须通过适当的政府行为表现出来。可以说,政府经济人的行为结果决定着受托责任的履行情况和国家治理目标的实现。

出于对利益的追求,政府行为的核心是利己。在国家治理中,政府经济人的利己行为有两种类型:第一,为己利他,指的是有利于他人和社会的利己,如为了求名利而埋头苦干,为了赚钱而努力工作等;第二,损人利己,指的是有害于他人和社会的利己,如贪污腐败等。为己利他使政府的行为结果符合公共利益,促进了国家治理目标的实现,损人利己行为则是指政府只顾个人利益而损害公共利益,阻碍国家治理目标的实现。

(一)消极影响

政府工作人员作为理性经济人,行为本身具有明显的功利性,其道德观是建立在自利的基础上的,道德认识往往会被功利性扭曲,在社会整体利益和自身利益发生矛盾时,先考虑维护自身利益和既得利益,导致其行为失范,使欺诈、违约、搭便车、坑蒙拐骗等损人利己的机会主义行为不可避免。人在有利可图的情况下,倾向通过打破规则来获取利益,因此投机取巧、钻空子、走捷径等现象层出不穷。政府也存在牟取特殊利益的倾向。政府主要是通过破坏公共利益来获取特殊利益,因为政府代表的是公共权力,理应为所有社会成员服务,但是出于特殊利益的考虑,可能出现牺牲公共利益的现象;另一方面,政府的机会主义行为主要表现为与民争利,以及部分官员以权谋私,获取私人利益。不管在发达国家还是在发展中国家,政府的投机行为都是普遍存在的。在进行政治活动时,政府行为规则由人制订,政府行为也需要人去决策,因此,没有理由认为政府总是集体利益的代表和反映。事实上,政府经济人会经常犯错误,利用某种对自身有利的信息条件向对方说谎和欺骗,不择手段地追求个人利益,不顾公共利益,阻碍国家治理目标的实现,如依据自身"偏好"和"偏向"性进行资源配置、寻租腐败、刻意隐瞒对自身不利的信息等。

(二)积极影响

虽然,政府经济人在政治活动的过程中的行为是利己的,但并不意味着个人利益和公共利益总是相背离。为了更好地达到自己的目标,经济人需要通过一种途径和方式,既能追求个人利益,又不意味着损人利己,而同时又满足着他人、公众的利己之心。人并非生活在孤岛上,政府工作人员对利益的追求、尊重的需要、自我实现的需要等只通过个人活动根本是不能获得的,受到了社会广泛的监督和制约。在社会集体和各种分工协作中,每个人的行为都是通过他人、以满足他人利益为手段。因此,利他是人类为了实现利己的有效手段。追求利益最大化的经济人需要通过利他来实现利己,结果是实现自身与他人的互惠互利。适用在政府经济人身上,政府工作人员在追求个人薪水、职位、尊重、名誉、个人价值的过程中,一定程度上满足着公共利益的实现。

亚当·斯密也曾说过,人类几乎随时随地都需要同胞的协助,要想仅仅依赖他人的恩惠,那是一定不行的。他如果能够刺激他们的利己心,使有利于他,并告诉他们,给他做事,是对他们自己有利的,他要达到的目的就容易多了。因此,每个"经济人"根据"自利"原则做出利己行为时,必须考虑到交换对方的利益,实现双赢。政府的经济人假设认为,政府官员在从事政治活动的过程中以追求自身利益最大化为动机和目的,即便个人不打算促进社会的公共利益,他只是盘算他自己的安全和利益,但在一定薪酬激励、职位晋升的规则引导下,却尽力达到了一个并非他本意要达到的目的——增进社会公共利益;正是由于个人追逐自身利益的行为,会有效地促进社会公共利益,其效果比他真正想促进社会利益时所达到的效果还大。换句话说,政府官员不期盼得到晋升和待遇的提高如同消费者在同样的价格下不想挑选一件称心如意的商品一样,是不可理解的。一个公务员期盼晋升和待遇增加并不是坏事、丑事,也有可能成为一种努力工作的动力,从而促进公共利益的实现。

政府官员追求自身利益最大化,不仅仅包括经济利益,还包括政治晋升和政治收益,因此并不意味着个人利益和公共利益总是相背离。近似锦标赛式的晋升博弈普遍存在于各层级政府当中。为了实现自身的政治利益,首先要做出一定的政绩,博得足够的政治晋升资本,以受到上级部门或公众的青睐。中央政府和社会公众期望政府是高效的、廉洁的和透明的,因此地方政府具有促进经济持续健康发展、廉洁执政和满足公众知情权的压力和动力。

第三节　国家审计问责的必要性

国家治理理论要求政府履行公共受托责任,尽可能多地为社会公共利益服务而不是个人利益。政府行为是政府履行责任的途径,然而,从经济人假设的范式中,我们可以对政府及其行为得出几点认识:1.一个人不可能脱离他的个人利益而存在,"一心为公""公而忘私"的人实际上是少有的,有的只是有些人在某些时候把"公"字看得重些,把"私"字看得轻些。2.一个人在政府部门中无论职(地)位多高,都和普通人有同样的行为动机。这个认识应作为国家治理中对政府官员和机构、行为进行监督和制约的出发点。如果我们各级官员的动机都是纯洁的、高尚的和无私的,贪污腐败、行贿受贿、以权谋私就不会出现,监督和制约的机制就是多余的。因此,在制定法律法规和进行制度设计时应当把所有的政府人员都设想成是一个"经济人"。3.从国家治理的角度出发,政府应该是代表人民,体现公共利益的。那么我们不禁要问,政府是如何把握人民的愿望、偏好和利益的? 政府决策在什么程度上反映了人民的愿望、偏好和利益? 有什么制度措施保证他们按人民的愿望、意志和利益办事? 如何来约束他们的行为,使他们的行为尽可能接近公共利益? 如何使政府行为产生更多的积极影响,降低消极影响?

无论是消极的政府行为,还是积极的政府行为,都是具有理性经济人属性的政府官员进行成本收益计算的结果。假如一个国家的制度存在缺陷,违背公共利益的收益极大,成本却很低,自然会诱使政府官员滥用权力,政府的消极行为将趋于泛滥。因此,国家治理目标实现的一个有效前提,就是在充分承认政府自利是一种不可避免的客观存在的基础上,塑造一套问责机制,充分尊重、保护和实现他们合理的自我利益和权益,并使他们自我利益的实现与社会公共利益的实现最大限度地达成一致,从而为公共管理模式的改革、发展和完善提供坚实的基础。

迫使政府官员尽可能将公共利益置于个人利益之前,公大于私,或者使政府官员的个人利益和公共利益达成一致,需要国家审计这一独立的机构和制度设计对人和人的行为进行问责,促进国家治理目标的实现。审计问责在改进政府行为的过程中具有不可替代的重要作用,无论是监督政府履行受托责任,还是加强信息公开,都需要建立在有效的独立问责的基础之上。国家审计以其精湛的专业技能,作为独立的第三方接受人民以及代表其意志的人民代表大会委托,对政府的履责情况进行检查和报告,通过"问"来促进受托责任的有效履行,进而提高公共资源配置的效率,防范风险,规范权力的使用和促进政府信息及时、有效地公开,实现资源、权力和利益的合理匹配。

美国总审计局(GAO)的名称从"General Accounting Office"变为"Government Accountability Office"，体现了"政府责任"评价的要求。作为联邦议会中的独立机构，美国问责办公室通常被称为"国会的调查分部"或者"国会看家狗"，其所担负的审查纳税人所缴钱款的使用情况，并向议员和政府机构领导人建议如何改善政府工作的问责使命与职责，正充分体现了美国独特的宪政背景之下，议会天然所具有的对政府的监督与制衡之功能。而加拿大综合审计基金会几年来所未有地关注"公共责任"，并做出了"公共责任并不是刚刚产生，还需要强大的领导"的判断。国家审计的存在，一方面是遏制公共资源获取、占有、分配和使用中的权力滥用，落实公共责任，方能实现权力、利益与责任的合理匹配；另一方面，建立起政府与公众、不同利益群体之间的相互信任，实现公共事务的有效管理，促进合作治理的实现。正如原审计长刘家义所言，"国家审计是国家治理的基石和重要保障"。国家审计作为职责法定的制度安排和人行为的价值规范，具有天然的问责属性和独特视角。

第四节　机制分析框架

从定义的角度，国家审计问责机制除构成要素外，还包括国家审计如何协调内部和外部关系来实现国家治理的目标，包含两个过程：国家审计如何发挥问责功能，以及审计问责如何影响政府行为和国家治理。

关于国家审计如何发挥问责的功能，我们从问责的基本要素展开讨论。国家审计具备很强的信息权力和信息收集、处理和反馈能力，以及适度的处理处罚权力，并通过监督处罚和信息两大功能实现问责。

国家审计服务国家治理，是通过影响政府行为实现的，建立在国家审计具备问责功能的前提和基础之上。审计问责与国家治理发生关系，不能直接作用，而是间接作用于影响经济、政治和社会治理效果的政府行为。离开政府行为这一媒介，审计问责发挥作用将无从谈起。首先，审计问责与经济治理相关，最主要是通过保障资源配置政策的有效制定和落实来实现的。政策制定如同一个项目的计划指南，决定了整个项目的方向和预期，并指明"为了明天，今天必须做什么"，宏观政策的制定和有效执行是下一年甚至未来几年经济发展最重要的第一步。因此，审计问责服务经济治理的关键，是保障政府资源配置行为的效率和效果，使宏观调控达到预定的效果。其次，政治治理中最重要的是对权力的控制，权力是政府经济人获取利益的基础。公共权力作为一种治国工具，既具有较大的影响力和支配力，又具有较强的腐蚀性和扩张性。权力制衡或者制约目的在于把权力关在笼子里，防止滥用公共权力攫取利益。审计问责对人的行为和道德进行监督,权力的笼子不是审计设计的,但是,审计要确定(至少让利益相关方了解)权力是否留在笼子里。最后,社会治理中,政府信息的公开是核心。公众和政府之间的信息不对称阻碍了二者之间的沟通交流,公民参政议政的渠道被阻滞,这种状态不利于社会稳定和公众参与的实现。审计问责服务社会治理,促进实现善治,需要加强政府透明度建设,促进信息公开。

经济、政治和社会治理虽然分属国家治理的三大领域,但有一个共同的行为主体:"人",这里的人指政府"经济人"。国家和社会的治理,说到底最终要通过人来进行,人的行为与经济活动、政治活动和社会活动息息相关。

从微观来看,人不同于自然界中的其他物种是因为在追求或近或远的目标时,人的行为是有意识的行动或适应性活动,是在所知道的信息范围内克服所处环境的限制以达到自己目标的行为。个人的利益需求和目标决定了行为的选择。从宏观来看,个人的能力、积极性和勤奋影响政策制定情况和任务完成情况,进一步影响资源配置效率和经济发展的情况,个人在行使被赋予的权力时,也会因为自身的利益得失而可能引发权力扩张和滥用的问题。这在宏观的国家治理中体现为经济发展运行不畅和政治腐败,并影响社会群众对政府的信任关系。

社会治理尽管需要法律、规章,但是任何完备的法律总是会存在许多照顾不到的地方,因此仅仅有法律,即使是好法律也不能保证结果就好,还必须有贤人和能人来运用法律。在这样一种特殊社会环境下,需要一种特殊的机制,重点解决人的问题,从"治官"入手,达到"治民"的效果。鉴于人在国家治理中的重要意义,审计问责影响国家治理,首先是通过影响"人"的行为实现的。审计问责制度缺失或问题严重时,便会波及国家治理的各个子系统,酿成国家的系统性危机,"整个社会"的危机也就会通过国家的经济、政治和社会危机表现出来。审计问责对人和政府行为的影响,成为连接经济治理、政治治理和社会治理的媒介。审计问责通过信息和处罚两种机制对人的行为产生积极的影响,控制消极行为的泛滥,不仅如此,审计问责还能够从文化和制度环境的层面间接影响人的行为,奠定影响国家治理的主体——"人"之行为的基础。

综合上述理论分析,本书建立了国家审计问责的机制分析框架,如图3-1所示。

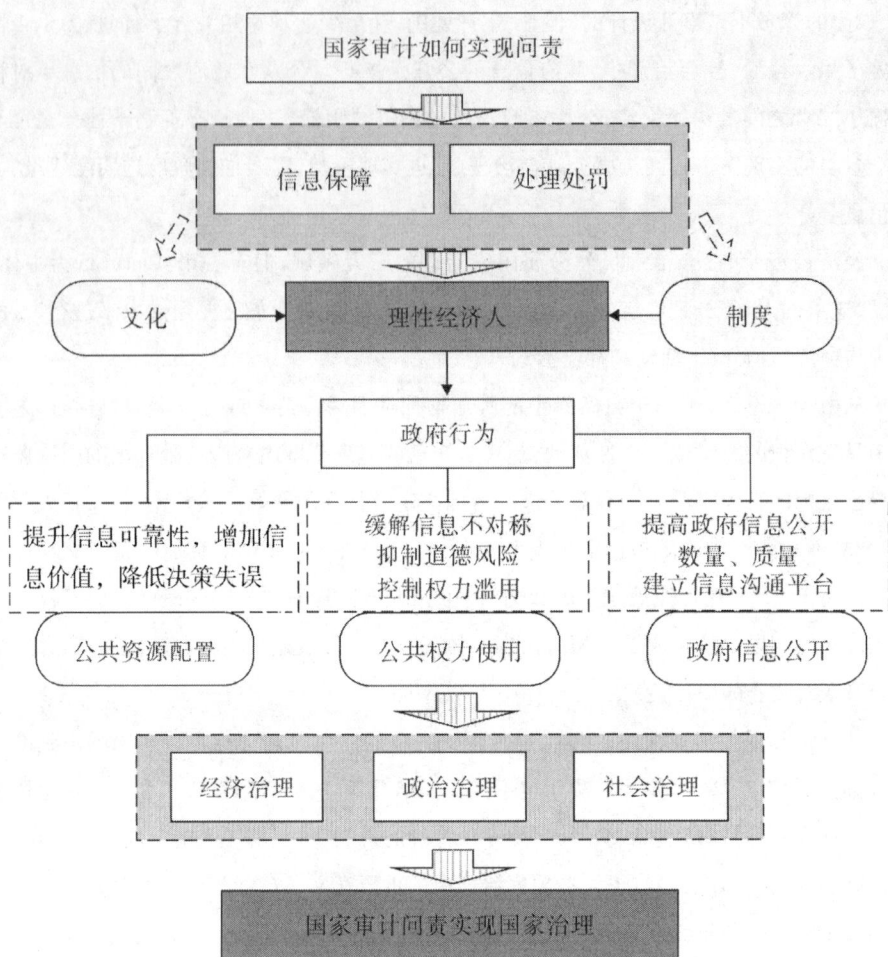

图 3-1　国家审计问责的机制分析框架

第五节　本章小结

本章基于国家治理理论、政府的理性经济人属性,深入分析和讨论审计问责在促进国家治理目标实现、控制政府经济人行为的必要性和重要性。国家审计协调内部和外部关系来实现国家治理的目标,包含两个过程:国家审计如何发挥问责功能,以及审计问责如何影响政府行为和国家治理。国家审计如何发挥问责的功能,需要从问责的基本要素和国家审计的自身属性展开分析,而审计问责影响国家治理,则需要间接作用于影响经济、政治和社会治理效果的政府行为。为此,本章建立了国家审计问责的机制分析框架,后续的理论分析都依据这一框架展开。

第四章
国家审计的问责功能分析

国家审计问责机制,解决了"国家审计如何实现问责"这一问题。国家审计是国家治理主体问责机制的重要组成部分,它自产生之日起就有问责的含义,问责是国家审计发挥作用的客观要求。问责是审计存在的理由,审计是建立问责机制的必然要素。王全宝指出,无问责机制,则年复一年的审计风暴只可能是"茶杯中的风暴"。Lovel则认为,"审计是使用最频繁且最有效的一种问责方式"。可见,国家审计与问责存在密切关系,是一种重要的问责方式,已受到国内外学者的普遍认可。而对于国家审计如何发挥问责功能,缺乏具体的理论分析。本章首先立足于问责的实现要素,对国家审计的自身属性进行分析判断其是否符合问责功能的要求,然后分析审计发挥问责功能的具体过程。

第一节　问责的基本要素

　　在我国,诸如"政治问责""高官问责[①]""重大责任事故问责[②]""部门问责""经济问责"等提法充斥着媒体,使得问责的内涵变得难以捉摸,在学理上也尚无明确权威统一的界定。

　　从英文单词的角度说,"accountability"同"responsibility"含义不同[③],是指"当一个人处于某一种特定职位时,公众有权力对其进行批评,而其本人有责任对与其职位有关所发生的事情向公众进行解释"。著名行政伦理专家 Gerald Caiden 认为,问责意味着官员必须对自己的行动进行辩护,解释其理由,各种恰当和不端的行为都必须记录下来,提交

---

　　① 连续多年揭发多宗"居屋短桩事件",引发要求官员问责的声音。高官问责制,也称主要官员问责制,是前香港特别行政区长官董建华于第二任期开始推行的改革。

　　② 2015 年 1 月 21 日,上海公布跨年夜外滩踩踏事故的调查报告,对事件 11 名有关责任人员提出处理建议,黄浦区委书记和区长双双被撤职。上海静安大火、"7·23"动车追尾事故、襄汾溃坝等均属于重大责任事故。

　　③ 国内 2004 年以前出版的英汉类辞典一般将"accountability"和"responsibility"均译为"责任"之意。牛津大学出版社 1978 年版的《The Oxford English Dictionary》、外语教学与研究出版社 2002 年11 月版的《朗文当代英语辞典》和 2003 年 9 月版的《麦克米伦高阶美语词典》对"accountability"和"responsibility"的含义有清晰的区分,如在《麦克米伦高阶美语词典》中,"responsibility"是指"一个人对其工作、职位和行为所必须承担的正式责任",即一般意义上所说的"责任"。Gaiden 区分了 3 个紧密联系而且经常互用的概念:责任、问责和义务。有责任的(to be responsible)指有权力和有能力进行行动和控制,能够理性和可靠地区分和行动,内心坚定值得信赖;可问责的(to be accountable)指个人对责任的承担,包括报告、解释、给出理由、给出回应、承担义务,以及提供一个评估并将之提供给外部或者外在的评判;承担义务(to be reliable)指承担起一种行善的职责,以及就错误的行为或糟糕的判断采取恢复、补偿和赔偿等措施。

给公共舆论进行审查。然而,问责是不包括潜在的惩罚或者补偿的。

Behn对Gaiden的解释提出了一些问题:这是不是指官员必须提交一个关于他们行动的公共记录? 难道官员对他们的行动提供了解释和说明就足够了吗? 不包括惩罚和奖励的问责,真的就能够建立一个负责地使用权力的政治吗?

Schedler进一步指出,问责除了需要信息和解释之外,还必须包括强制性:奖励好的行动,惩罚坏的行动。如果没有这种强制,仅仅将公共官员唤来问一些问题,并让他们提供必要的解释和理由,并不能确保权力的使用真的是负责的,有时还会使得这种政治对话变成官员可以随意利用的"政治装饰"。问责概念包括两个基本的含义:对自己的行为或活动负责,这主要指"公共官员有义务告知和解释他们正在做什么";强制,即"问责机构有能力对违反他们的公共职责的权力使用者施加惩罚"[①]。Schedler还指出,问责需要在应该负责的行动者和有权力要求别人负责的行动者之间建立起一种对话关系,这种关系是一种特殊的契约关系,即委托—代理关系。应该负责的行动者为代理人,而要求别人负责的行动者是委托人。马骏通过对财政问责的分析也认为,"对于政治问责来说,最重要的是向公民或公民的代表提供各种关于政府活动的信息,以及与这些活动相关的解释和相应的奖惩。"

综上,问责基于政府和人民之间、政府层级之间的委托代理关系,本书所理解的问责,首先是指委托人要求代理人就其行为向委托人做出解释;其次,问责具有强制性。强制性要求问责机构有制裁的能力,当政府官员和机构有不作为或违背其职责和公共利益时,要受到惩罚或者制裁。信息向社会公众呈现出政府工作人员正在做什么、准备做什么以及已经做了什么,并就这些行为活动提供合理的解释。对于实现问责来说,首要的条件是要能够获得关于政府活动的信息。如果没有这些信息,就无法知道政府是否对人民负责,也自然无法展开问责。然而信息的获得和准确性并不是必然的,政府代理人可能会给公众提供虚假信息;另一方面,公众或问责机构所需要的一些信息可能无法获得。

因此,国家审计发挥问责功能,需要其自身具备两个基本特征:第一,保障问责信息的真实性、完整性和及时性,如果没有对问责信息的保障,问责机制便会陷入困境;第二,具备一定的处理处罚权力,只有拥有一定处罚权力的问责,才能够建立一个负责地使用权力的政府。问责也只有与处罚联系起来才具有实质性的内容。

---

① Schedler是这样定义问责的:"当A有义务告知B关于A(过去或将来)的行动和决定,并为它们进行辩护,一旦出现不当行为则将遭受惩罚,A就是对B负责的。"

第二节　国家审计的属性

一、有限的处理处罚权力

对未尽职责主体的惩罚是问责机制的第二大要素。不同国家的问责机制建立在不同的权力结构基础上,处罚权限存在差异。如果国家审计隶属于立法机构,纠正权和处罚权通常不会配置给国家审计;如果国家审计隶属于行政机构,纠正权和处罚权就可能配置给国家审计;如果国家审计隶属于司法系列,则国家审计自然拥有了纠正权和处罚权。我国的现实国情是,各级国家审计机关隶属于本级政府并接受上级审计机关的指导。审计部门拥有一定的处罚权力,但是非常有限,处罚形式仅仅包括罚金、责令纠正、移交其他有关部门处理等。国家审计作为国家公共权力的一种,具有权力的一般特性,即强制性,罚金是国家审计为主体实施的处罚;而对于移交其他有关部门处理,最终的处罚落实权力属于所移交的部门,而不是国家审计,问责的完成主要依靠纪检、监察和司法部门,国家审计在其中发挥的作用只是发现问题,移交线索,是问责的信息质量保障机制,但在审计决定书中体现为审计的处理处罚决定。

二、强大的信息权力和信息能力

审计信息和处罚权力的配置是不平衡的。《审计法》和《审计法实施条例》规定的审计机关的各项权力之中,要求报送资料权、检察权、调查取证权、通报或公布审计结果权都直接与信息权力相关,而与处理处罚相关的权力却很少。国家审计依据其信息权力,构成了对政府行政权力的权力制衡机制和问责机制的基础。

国家审计的信息能力则体现在信息获取、处理和信息公开各个方面。国家审计的独立性、权威性和专业性确保信息获取能力非常强,范围从宏观的经济运行数据到微观的个人银行账户,从国家整个大的治理系统到被审计单位的信息系统。国家审计在信息获取方面拥有得天独厚的条件,使其获得的信息范围广、数量多、程度深。

信息处理指审计机关对从各处收集的大量原始数字和材料进行加工,整理成符合要求的、能够反映真实情况的信息,最后对被审计单位内部控制和内部管理是否健全、有效提出意见和建议。信息处理能力反映了审计机关的勤奋程度和信息筛选能力、信息鉴证能力、评价能力和宏观知识体系,加强审计机关的信息处理能力是国家审计团队能力建设的重要组成部分,也是国家审计在问责机制中有效发挥作用的关键。

信息公开是国家治理的客观需求,其最终形式表现为国家审计结果公告。向社会公众公开报告有助于促进政府与公众的沟通交流,督促被审计单位整改。审计机关被赋予了通报或公布审计结果权。审计机关可向社会公布下列审计事项的审计结果：1.本级人民政府或者上级审计机关要求向社会公布的内容；2.社会公众关注的内容；3.法律、法规规定向社会公布的其他审计事项的调查结果。审计署"十二五"规划提出了逐步完善国家审计公告的形式、内容和程序，把对审计发现问题的整改情况作为审计结果公告的重要内容，坚持和完善特定审计事项阶段性审计情况公告、重大案件查处结果公告制度，不断提高审计信息的质量和水平。国家审计公告数目在逐年递增，公告的范围也在扩大，公告的内容越来越多地倾向社会舆论关注的重大事项。

通过对国家审计属性的分析，可以得出国家审计具备问责的两大要素，能够实现问责。但是，国家审计在问责中存在审计信息权力和处罚权力的不对称的情况。

第三节　国家审计的问责功能分析

信息和强制性是问责的两个基本属性，国家审计具备一定的处理处罚权力和强大的信息权力、信息能力，赋予了它在问责中所需要的信息和实施处罚两个要素，即国家审计问责，主要是依靠信息和处罚两大机制实现的。

一、处罚和配合处罚功能

国家审计实现问责，首先是基于对人行为的监督。合规性审计、经济责任审计主要是依据国家法律、法规、方针政策和其他要求，对相关政府人员是否履行应当负有的责任进行评价，其目的是揭露和查处违法、违规行为。首先，国家审计自身具备一定的处理处罚权，对于违反国家规定的财政收支、财务收支行为可以采取纠正措施，责令上缴、退还、调整等，并处以罚款、警告、没收违法所得等处罚措施。其次，对于情节严重的党内官员、机构、特殊利益团体的违法违规行为，国家审计还能够配合纪检、监察和司法部门进行处罚和惩治。处理处罚必须以掌握政府执政过程中弄虚作假、违法违纪、经济犯罪的事实和证据，了解决策和执行绩效目标的完成情况为前提。如果审计发现责任人未履行或未完全履行受托责任，那么将进入下一程序，相关部门对被审计单位或个人进行处理处罚，配合其他部门完成处罚和问责。国家审计通过对未能有效履行责任的领导干部追究责任，使当事人和其他人吸取教训，引以为鉴，警钟长鸣。

二、信息保障功能

对于实现问责来说，首要的条件是要能够获得关于政府活动的信息。如果没有这些信息，就无法知道政府是否对人民负责，自然也无法展开问责，国家审计由于其强大的信息保障功能恰恰弥补了这一不足,使其成为问责的信息保障机制。国家审计的信息功能体现在两个方面:第一,为处理处罚决定提供查责的信息报告;第二,揭示和分析体制、制度性问题,提出整改建议,作为政策制定和改进的信息保障支持。

问责,首先基于明确被审计单位的责任,责任的明确需要两个阶段:责任认定和责任评价,其实质是审计机关搜集和处理相关责任信息的过程。在责任认定阶段,政府的受托责任至少包含三个层面:第一,遵守相关法律法规,因为违规违法会有负面的后果,为了避免这些后果,政府机构和官员就需要遵守法律法规;第二,经济有效地使用资源,既讲节约又讲效果;第三,用最有效的方式做事。完成特定事项的方法可能有很多种,政府需要从当前的环境出发,选择最有效的方式。责任评价是审计机关依据审计标准对政府机构和人员进行测试之后,结合具体情况对是否履行了受托责任给予审计评价。如果发现未履行或未完全履行受托责任,才能对被审计单位或个人进行处理处罚。可见,信息是审计问责必不可少的程序和机制。

审计问责的信息功能还体现在:在绝大多数情况下,处罚并不是必需的,审计问责的实现并不是依靠处罚来实现的,但信息却无处不在。无论何种形式的问责,处罚都不是最终的目的,而是使同样的问题不再"屡罚屡犯"。虽然国家审计的处罚权力十分有限,但是审计问责发挥的功效却很大,主要归功于其信息属性。国家审计发现问题之后,不仅仅局限于对相关责任人的处罚,而是由微观到宏观,从更深的层次来观察和分析问题,着力解决各类深层次矛盾,并找出问题间存在的共性和普遍性,揭示体制性障碍、机制性缺陷和制度方面的漏洞,发挥建设性功能,防止再出现类似的现象,从而根治"屡审屡犯"顽疾。相比于楼房垮塌之后立即追究责任,防患于未然永远更加重要。审计提出的改进建议为政府决策的有效制定和无偏执行奠定了基础。审计问责信息的披露使政府责任的履行曝光在公众视野中,政府的行为不再是一个"黑箱"。从这个意义上讲,国家审计问责不只是对"人",而且针对"事"和"制度",信息是国家审计问责运行机制的核心,为审计问责服务经济、政治和社会活动奠定了基础。

第四节　本章小结

本章立足于问责的实现要素,对国家审计的自身属性进行分析判断,然后分析审计发挥问责功能的具体过程。信息和强制性是问责的两个基本属性,国家审计具备的一定的处理处罚权力和强大的信息权力、信息能力,赋予了它在问责中所需要的信息和实施

国家审计问责的目标实现功能,指"国家审计问责如何服务国家治理",也是国家审计问责机制的组成部分。国家治理的基本目标是要求政府履行公共受托责任,尽可能多地为社会公共利益而不是个人利益服务,但根据政府的理性经济人假设,人在充满理性的情况下,所追求的目标都是使自己的利益最大化,即当他有可供选择的利益机会时,一定会选择对自己利益最大的那个方案与机会。审计问责影响国家治理效果,首先是对政府经济人产生直接或间接的影响,保证他们按公众的愿望、意志和利益办事,通过约束他们的行为,使他们的行为尽可能接近公共利益。

在"人"的微观行为对宏观治理的影响下,国家治理框架可进一步划分为经济、政治和社会治理三大领域,并形成了国家治理的具体目标。审计问责与国家治理发生关系,不能直接起作用,而是间接作用于影响经济、政治和社会治理效果的政府行为。离开政府行为这一媒介,审计问责发挥作用将无从谈起。

可见,无论是基本目标还是具体目标的实现,都离不开"人"这一国家治理的主体。审计问责对人行为的影响,成了连接经济治理、政治治理和社会治理的媒介。本章首先对审计问责如何影响人的行为进行分析,获得审计问责对人的影响机理;然后分别针对经济、政治和社会治理领域审计问责作用的发挥进行描述,刻画出审计问责实现国家治理目标的具体路径。

第一节　政府经济人背叛公共利益的实现条件

政府作为主要的国家治理主体,履行管理公共事务的经济基础是财政,或者广义一点讲是公共资源。而人作为组成政府的主体,其需求和欲望在不加约束和限制时总是无止境的。在社会资源相对稀缺的条件下,政府占用私人资源越多,用于公共利益的资源就越少。公民的公共利益就在于,形成必要的国家治理制度和机制,促使政府人员占有和使用尽可能少的公共资源履行好公共管理的职能——保障国家安全、促进经济与社会的发展。自利是经济人的内在属性,而信息不对称、违法违规成本低、文化和制度约束不力为政府经济人不顾公共利益追求个人利益提供了外在条件。

一、信息不对称

信息不对称意味着公共产品供给的实际结果会和预期目标出现偏差。由于公民和政府官员在公共事务管理和公共资源配置等方面存在着信息不对称的问题,公民很难了解庞大的公共资源获取、占有、配置和使用过程的具体情况,因此很难对政府及官员履行职责的情况做出客观、合理的判断,使得政府部门、官员和公共部门有机会推诿责任、不恰当地配置和使用资源、损公利己，以权谋私。例如，公众和地方政府官员之间决策信息的不对称，在进行公共项目投资的过程中，政府官员会有意无意地隐瞒一些妨碍自己利益最大化的信息，而重点强调一些符合自身利益最大化的信息，这种信息的失真必然导致"劣币驱除良币"现象。信息不对称也存在于政府的内部。决策的有效性依赖于领导者对信息的掌控，否则容易引发政策偏误。国家地域越广博，人口越多，管理和决策事务就越多，决策出现偏误的概率也加大，此时，信息的真实、可靠和及时对政策的科学制定就显得至关重要。

提高信息的透明度是遏制道德风险和逆向选择最有效的途径。对公共资源配置、权力使用来说，无论是监督，还是控制，信息都是必不可少的。然而，政府机关除了负有公共资源有效配置的经济责任、合理使用公共权力的政治责任以外，也承担着向社会报告和说明解释的社会责任。这一责任是国家治理的重要内容，然而却经常受到忽视，甚至总是向上级提供歪曲以及对自身有利的活动信息。审计作为一种信息质量保障机制，能够缓解信息不对称，将政府工作的过程真实公正地再现出来。

二、背叛公共利益的成本低

自利和理性是经济人具备的两大特点。自利，指的是追求自身利益最大化成为影响人行为的最大动力；理性，指的是为了追求利益最大化，人会在行为之前进行成本收益计算，并且具有趋利避害的特点。政府工作人员也具有自利和理性两个特征，在面对寻租的诱惑时，也会先对背叛和损害公众利益的成本收益进行权衡，如果背叛和损害公共利益之后，个人利益超过付出的成本代价，他们就会选择违法违规；相反，就会遵纪守法。在社会审计实践中，由于诉讼成本的影响，审计师出具非标准无保留意见的概率更高。国家审计亦是如此，如果政府工作人员违规操作的行为被视而不见、处罚过轻，在经过权衡之后他们会选择不顾公共利益而只顾个人利益，出现渎职腐败等违法行为。

三、文化和制度的约束力差

（一）文化的约束力差

文化作为一种精神力量，能够在人们认识世界和改造世界的过程中转化为物质力量，对社会发展和个人成长、国家和民族发展产生深刻影响。每一个人都生活在一定的文化环境之中，都在不知不觉中受到文化的影响。

文化影响着人的交往行为和交往方式，并普遍渗透在风俗习惯、伦理道德、规章制度、法律政策之中，常常表现为某种"隐形"的因素，却对人产生深远的影响。俗话说："近朱者赤，近墨者黑。"可见，文化对人的影响是一个水滴石穿的过程，是个"润物细无声"的过程。文化对人的影响是深远持久的,也是一个较为缓慢的、长期的过程,但一旦内化为人们的态度和信念,就会形成惯性和定式,指导人们的行为选择并逐渐形成相对稳定的心理和行为。文化转化为人们的思想观念、心理素质、行为方式、生活习惯、思维方式之后,就具有相对稳定性和持久性。在各种影响人类的因素中,最深刻、最持久的是文化。

人们的世界观、人生观和价值观,既是各种文化因素交互作用的产物,又是人们文化素养的核心和标志,它们对人们的实践和认识活动具有根本性的影响。人们的世界观、人生观和价值观,往往以极强的辐射力和穿透力影响着人们的行为动机和行为全过程。

虽然政府官员天生具有"经济人"的属性,但是如果绝大多数官员都形成了诚信、廉洁、负责的世界观、人生观和价值观,那么越权、滥用权力、贪污腐败的官员会成为少数和特殊。官员持一种正确的价值观,就可以正确地判断周围存在或正在发生的一切事物和行为,他自身的所作所为就可以有利于社会、有利于国家。当各级政府变成了"经济发展总公司"的时候,当权力掌握着经济命脉而不是市场掌握经济命脉的时候,你还怎么可以奢望腐败能够得到根本的治理呢?

(二)制度的约束力差

除了文化以外,制度对人的行为也有很重要的影响。制度的缺失对人的行为形成了非正确引导,导致欲望产生质变,变为了贪欲。制度具有指导性、鞭策性和激励性,而制度在引导人类行为这些方面的缺失,使得部分人正常的欲望得到无限制的扩大,由量变产生质变,形成贪欲。所以说制度的缺失为腐败、权力滥用和不尽力服务提供了客观条件。当人有了贪欲,并且他拥有一定的公共权力、掌握一定资源的时候,制度的缺失为其运用权力为己牟取私利和懈怠的行为提供了空间。造成人的贪欲盛行而不加遏制的三个主要动因为"制度缺陷""制度漏洞"和"制度的软约束",因此,从制度上寻找导致资源配置效率低下、权力滥用和政府信息公开水平低下的原因进行针对性改革,才是有效控制的重要策略。

第二节　审计问责对政府行为的影响

一、审计处罚和政府行为

审计处罚能够对人的行为产生监督和威慑的功能。威慑理论认为惩罚罪犯可以从两方面减少犯罪:特殊威慑(使已经犯罪的人不再犯罪)和一般威慑(使企图犯罪的人决定不犯罪)。审计处罚也可以对人的行为产生威慑作用。特殊威慑,即通过对违规被审计单位的处罚,使该单位不再违规。一般威慑,即通过对违规被审计单位的处罚,使企图犯罪的单位因了解违规后果决定不违规。审计处罚的结果包括司法处罚和罚金处罚。司法处罚通过对罪犯处以监禁,剥夺个人权利和自由来发挥威慑作用。罚金处罚是通过剥夺犯罪人的非法所得,来发挥其对于犯罪人以及社会上不稳定分子的威慑作用。

费尔巴哈以边沁的苦乐原理为基础提出了处罚心理理论,认为罪犯在实施某种犯罪前,总会考虑到将要受到何种刑罚、处罚的痛苦和处罚的轻重,同时还会考虑到犯罪能获得多大的利益(快乐)。处罚的功能就在于使人们在犯罪收益与痛苦间建立必然联系,通过对痛苦的恐惧抑制犯罪的实施。美国内部审计之父劳伦斯·索耶提出舞弊因子学说,认为舞弊的产生必须有三个条件,即异常需要、机会和合乎情理。合乎情理是指舞弊者对舞弊的利益权衡的心理过程,是自我合理化的过程,舞弊者必须要从心理上说服自己——舞弊是自己的理性选择。审计处罚对舞弊者的自我合理化则有重要影响。如果舞弊被发现后,没有处罚或者处罚很轻,则舞弊者在权衡利弊得失的过程中,很容易选择舞弊。相反,如果舞弊被发现后有严厉的处罚,则舞弊的成本增大,舞弊自我合理化难度增加。所以,审计处罚通过增加行为成本,进而遏制违规或违法行为。

二、审计信息和政府行为

(一)优化公共资源配置

政府经济人在政治利益和经济利益的激励下,会力求做出一定的政绩,博得足够的政治晋升资本,以受到上级部门或公众的青睐。首先,最能体现出政绩的莫过于对地方经济发展的促进作用,依赖于政府官员的资源配置和政策调控能力。国家审计通过对原始信息进行收集、处理,促进人的预期、决策和行为的改善,不仅有助于决策者对资源配置政策进行优化和调整,而且能对信息的真伪进行辨别,降低其做出不当决策的风险,预见潮流,预见挑战。

(二)抑制公共权力滥用

无论是损人利己,还是为己利他的行为,都是具有理性经济人属性的政府官员进行成本收益计算的结果。在信息不对称的支持下,政府工作人员自利属性缺乏约束,会偏离甚至损害公众的利益,产生逆向选择和道德风险。为促使政府按照公共利益履行职责,最优模式是使信息在公众与政府之间做到有效传递,审计便是一种有效的措施。审计在问责过程中时时刻刻都与信息相关,这些信息以审计结果报告和审计结果公告的形式被披露出来。信息包含两类,一类是有关代理人行为结果的信息,一类是关于其行为本身的信息。通过对政府权力使用情况进行披露,扩大知情人的范围,使上级政府、债权人和公众了解官员的自利和不当行为,导致政府官员声誉受损和社会评价下降,由此失去晋升机会甚至被撤销职务,以后年度的财政计划也受到影响。官员考虑到声誉对自己政治前途和经济利益的影响,会失去滥用权力损害公众利益的动机。

(三)促进政府信息公开

詹姆斯·福里斯特尔指出:"政府工作的困难在于,它不仅必须干得很好,而且必须让公众相信他干得很好,换句话说,能力和表现都是必要的……"从这个角度来看,公信力取决于政府与公众之间信息传递的情况。公众对政府信任的形成过程中,信息作为信任关系建立的基础可谓至关重要。信息是"人选择行为时做出评价的基础和依据"。

审计信息能够促进政府信息的公开和披露。审计信息能够对信息公开的数量产生积极的影响,对不公开和公开力度不足的政府机构审计机关通过报告形式予以披露,从而扩大政府信息的公开范围。社会公众需要尽可能多地了解政府行为,才能更加客观地评价政府行为,审计信息能够提高政府信息的质量,为社会公众评价政府行为提供基础和依据,为政府树立诚信形象起到举足轻重的作用。

三、审计问责、文化建设和政府行为

文化影响着人的交往行为和交往方式,并普遍渗透在风俗习惯、伦理道德、规章制度和法律政策之中,常常表现为某种"隐形"的因素,却对人产生深远的影响。俗语说:国有国法,家有家规。作为一个家庭成员应该遵守家中的规矩,作为一个国家的公民,就应该遵守国家的法律,他们体现的都是一个原则:约束。行为规范不仅体现了一个人的综合素质,而且会体现和影响一个地区或一个国家的形象。在进行行为规范时,首先需要建立一种行为标准,按照这一标准对人进行评价,一旦跨越这一标准会受到制止或制裁。

1978年,尚德尔撰写的、被誉为审计理论发展史上的第三座里程碑的《审计理论》一书,从信息经济学的角度出发,认为审计是信息传输过程的一个重要组成部分。审计是人类为了建立某种标准的遵循性而进行的评价过程,其结果是得出一种意见或结论。应用评价过程以建立对某种标准的遵循几乎存在于人类生活的每一个方面,涉及范围极其广泛。国家审计问责引导和规范政府工作人员不可以做什么、可以做什么和怎样做,是社会和谐重要的组成部分,是社会价值观的具体体现和延伸,因此对国家治理产生重要的影响。

人作为最基本的生产力,不仅要具备技能,更重要的是具备道德素质,遵守规则,讲求诚信,崇尚公正。国家审计以其对信息质量的保障和提供直接的审计信息促进市场机制、政治机制和社会(组织)机制的完善,实现每个获取、占有、配置和使用公共资源的个

人和组织履行责任。对其行为结果和理由公开报告,使得政府得到公共授权,树立对公众负责的形象,有助于构建责任政府。这些构成了国家善治的社会基础,也是社会文明、进步的最重要的体现。

四、审计问责、制度环境和政府行为

习近平总书记明确提出,"要把权力关进制度的笼子里",并提出不敢腐的惩戒机制、不能腐的防范机制、不易腐的保障机制等三个层面的制度设计理念。审计问责本身首先是一种国家治理的制度设计。腐败、权力扩张和懈怠行为被发现的概率和制度的约束力是一种正相关的关系,提高发现问题概率的有效途径就是建立有效地与社会沟通和交流的制度,方便公众进行举报、发表意见。譬如,香港廉政公署成立之初,实名举报率仅为35%,近年来已经上升到70%。审计建立的制度平台为社会公众提供了一种途径,激励和保障公民参与,为社会构建了一张反腐制度大网。

此外,审计问责分析共性问题背后的制度缺陷和障碍,从根本上发现引发官员行为偏差的原因。国家审计提出的制度建议,对行为的影响是深远的。

最后,需要指出的是,审计问责也存在欠缺。例如,我国国家审计对人的惩处概率偏低和力度偏小。审计机关被赋予的处理处罚权只有罚款、建议整改、移交司法部门和上级行政部门等,惩处的概率和力度没有得到有效的保障,惩处的标准也不够确切。虽然我国审计机关的独立性获得了充分的法律授权,但是经常会受到行政部门的干扰。制度约束的有效性降低,很多行为可能未被发现或无法进行深度挖掘。国家审计与其他司法部门的连接不紧密,使得许多违规行为人逃脱了法律制裁,助长了腐败、违规等行为人的侥幸心理。因此,对审计问责机制的进一步完善,是控制"人"的行为、服务国家治理的重要内容。

第三节　审计问责、政府公共资源配置和经济治理

从政治经济学的理论层面出发,任何现代经济问题都无法脱离政府行为的研究。在对国家经济产生重要影响的政府行为中,政府公共资源配置的作用异常突出。财政,也可以称之为公共资源,是政府履行公共责任、管理公共事务的基础,公共资源的配置效果决定了国家的经济发展水平和经济的平稳态势。审计问责促进经济发展和保障经济安全,从两个方面发挥作用:

第一,审计问责为公共资源配置的决策提供信息服务。在国家的经济基础——财政领域,预算编制即为国家下一年的宏观经济政策,它是对地方政府财政收支的计划安排,

决定了下一年甚至未来几年的经济发展。搜集宏观经济信息是宏观调控过程中政策主体博弈的重要阶段,在这一阶段经常会出现政策客体虚报瞒报决策信息等问题,从而影响宏观调控决策的质量。政府的最佳选择是充分掌握公共资源获取、占有、配置和使用过程的具体情况,以使资源配置达到最高的效率。公司治理理论认为,股东及利害关系人将财务信息作为决策的依据,审计的本质功效在于增进财务会计信息的可信性及其决策有用性。股东及利益相关者需要真实准确的数据,并做出正确决策。国家审计在问责过程中形成的信息报告,为政府有效决策提供支持和保障,提高了资源配置效率,提示风险的存在,从而促进经济发展、保障经济安全。

第二,审计问责能够保证宏观经济政策的贯彻执行。除了政策制定的准确性,政府资源配置的效率和效果与政策的贯彻执行程度也密切相关,政策执行是实现既定政策目标的过程。审计问责的目的就是及时发现哪些(类)经济主体的行为偏离了宏观调控方向,以及对实现调控目标产生什么样的影响,进而要求被审计单位纠正偏离宏观调控的行为,来保证宏观调控政策的执行。比如,对于被审计单位正在进行的违反国家规定的财政财务收支行为,审计机关可以通知财政部门和有关主管部门暂停拨付有关款项,建议主管部门纠正与法律、行政法规相抵触的财政财务收支规定等;对于没有违反有关规定但与宏观调控方向相悖的行为,审计机关也可以反映给相关部门,通过督促规范调整控制等,来实现宏观调控的预期目标与最佳效益,从而防止发生公共资源浪费、流失、使用效率低等情况,促进经济的发展,保障经济安全。

第四节　审计问责、政府公共权力使用和政治治理

卢梭在《社会契约论》中认为,立法的权力属于人民,而且只能属于人民。人民需要有一个适当的代理人,而这个代理人就是政府。让国家权力为公共利益所用,防止被滥用,是政治治理的主要内容,也一直是思想家们研究的问题,如亚里士多德的分权与制衡理论,孟德斯鸠《论法的精神》等。

然而权力具有用益性,政府"理性经济人"有可能为了满足私利,滥用人民赋予的权力,把自身利益的追求凌驾于对国家利益的追求之上,甚至异化为对他人或国家利益的侵犯。公共权力是一把双刃剑,作为一种治国工具,既具有较大的影响力和支配力,又具有较强的腐蚀性和扩张性。腐败行为的实质就是理性的政府官员拥有公民赋予的权力却对私权进行侵犯。政治治理的目标,是政府通过对自身的内部管理,遏制公共权力滥用的发生,优化政府组织结构,改进政府运行方式和流程,强化政府的治理能力,从而使

得政府全面正确履行职能,提高行政管理的科学性、民主性和有效性。

审计问责能够抑制公共权力滥用,提升政治治理的效果。"人类千万年的历史,最为珍贵的不是令人炫目的科技,不是浩瀚的大师们的经典著作,而是实现了对统治者的驯服,实现了把他们关在笼子里的梦想。"无论是国家审计还是其他问责机制,都要求明确政府和官员在经济生活中的责任,并向公众报告,以抑制对公权的需求,避免公权的无限扩大可能对私权的侵犯。如果责任不能清晰界定,那么权力错位、越位和滥用就会不断发生。政府在这方面提供的信息越全面详细,公众对政府的活动也就了解得越全面详细。然而,政府提供的信息报告由政府自己产生,故而不能排除具有虚假成分的可能性,因为虚假的报告可能隐含着政府效率低下和官员贪污腐败问题。而针对信息的真实性,审计可以鉴定政府治理主体所提供的信息是否真实,这是基于责任方认定的审计;审计,社会公众还可以获取政府治理主体没有提供而他们又关心的信息,形成直接报告业务。在纪检、司法和其他有关部门"处罚问责"的过程中,形成对审计信息的强烈需求,审计部门负责提供及时、系统、完整、可靠的监督信息。不仅如此,国家审计具备一定的处罚权力,在责任认定—信息报告—处理处罚整个问责的流程中发挥作用。

需要指出的是,政治治理的效果不仅仅体现在对权力滥用的遏制上,还体现在政府整体执政效率上。腐败行为使得政府职能部门责权利不清,是削弱政府效率的最为重要的因素。审计问责通过遏制腐败,将权力关进笼子里,提高政府效率。

第五节　审计问责、政府信息公开和社会治理

社会治理的目标是在利益和关系协调的基础之上,由政府引导公众逐步、有序地参与到社会和国家治理活动中。然而,由于官民之间的利益矛盾和公众治理的能力、体制的缺乏,无论在中国还是发达国家,都难以实现个体直接治理国家,而只能强调公众参与治理。对公共机构来说,公众参与就是倾听和考虑所有民众的意见,并最终在公开透明的方式中达成决议;对公众来说,就是能够知晓应该知晓的信息和政府的治理行为,自身的意见能够得到倾听、讨论和采纳。在公众参与中,政府信息的透明是最为关键的要素。

公众和政府之间的信息不对称容易造成二者之间的矛盾,阻碍公众参与的实现。例如,在政府的履职报告中,政府官员会有意无意地隐瞒一些妨碍自己利益最大化的信息,而重点强调一些符合自身利益最大化的信息,这种信息的失真必然导致"劣币驱除良币"现象。此外,在信息不对称的情况下,老百姓总是有一种"仇官"的心态。最后,即便政府有意对公共服务加以改进,百姓也不会再当真,甚至发展成一种"你如何解释我都不信"

的状态,加深公众和政府之间的矛盾。

公众能够广泛参与社会管理,并与政府积极合作的基础,除了对公共服务满意之外,更重要的是二者之间能够实现有效的信息沟通。一方面公众需要知道政府是否从人民利益出发进行管理,防范政府官员的"道德风险";另一方面政府也需要使公众相信自己是在按照公众的利益进行资源配置,没有营私舞弊,避免公共选择中的"逆向选择"。

审计问责能够改进政府的信息公开水平和质量,政府的工作报告由政府自己产生而不能排除其具有虚假成分,于是要求独立、专业的审计人员审查政府工作报告以增加信息的可靠性。审计结果公告为政府提供了一个展示诚信的平台,能够缓和政府与公众之间的利益矛盾,促进公众参与的实现。

第六节　本章小结

在核心概念的界定当中,国家治理目标被划分为基本目标和具体目标,本章也随之将审计问责的目标实现功能转化为如何使政府经济人的行为符合公共利益和如何实现经济、政治和社会治理领域具体目标两大部分内容。

首先,自利是经济人的内在属性,而信息不对称、违法违规成本低、文化和制度约束不力为政府经济人不顾公共利益追求个人利益提供了外在条件。审计问责通过信息和处罚两种机制对人的行为产生积极的影响,控制消极行为的泛滥。不仅如此,审计问责还能够从文化和制度环境的层面间接影响人的行为,使个人利益和公共利益相一致,在审计问责的监督、激励和引导下,促进公共利益即国家治理基本目标的实现。

其次,审计问责通过影响政府行为与国家治理相联系,离开政府行为这一媒介,审计问责实现具体目标将无从谈起。审计问责不仅仅能够通过控制公共权力的滥用提升政府效率,而且能够提升公共资源的配置效率和促进政府信息公开来间接服务国家治理。

审计问责与经济治理相关,最主要是通过保障政策的有效制定和落实执行来实现的。有效的政府决策及执行能够达到资源优化配置、公平分配以及经济稳定和发展的目标。国家审计问责对原始信息进行收集、处理,促进人的预期、决策和行为的改善,降低做出不当决策的风险,纠正对偏离宏观调控行为的及时纠正,从而防范经济风险,为国家经济发展保驾护航。

政治治理中最重要的是对权力的控制,权力是政府经济人获取利益的基础。公共权力作为一种治国工具,既具有较大的影响力和支配力,又具有较强的腐蚀性和扩张性。权力制衡或者制约目的在于把权力关在笼子里,防止滥用公共权力攫取利益。审计问责

第四章对国家审计和问责之间的内在关联性进行了分析,强调了审计信息和处罚在问责实现过程中的重要作用。

第五章对审计问责促进国家治理目标实现的内在机理进行了分析,审计问责的两个基本要素通过不同的路径影响政府的行为:审计信息能够优化资源配置、抑制权力滥用、促进政府的信息公开,而审计处罚则主要以威慑路径增加违规成本来规范官员行为。此外,审计问责也正是通过影响政府行为结果来作用于国家治理。那么在现实中,审计问责服务国家治理目标的效果如何? 如何能够体现出国家审计发挥问责功能的具体过程? 现有研究将应纠正金额、纠正金额和纠正率作为审计问责效果的指标,然而不能体现审计机关在提供信息、移交处理方面所做出的努力,仅仅考虑纠正金额并不全面,无法满足实证研究的需求。

本章从实现审计信息和处罚功能的角度构建审计问责力度测量体系。首先,探讨了审计问责力度指标的含义。其次,确立审计问责力度的测量体系,赋予各个指标相应的意义。第三,通过因子分析方法获得审计问责力度综合得分、信息功能、直接处罚和配合处罚功能的分项得分。为下一章从实证角度分析审计问责目标实现效果以及进一步检验审计问责治理效果不佳的原因作铺垫。

第一节　审计问责力度指标的含义

国家审计问责力度,指审计机关在问责的过程中所投入的力量和力量的强度。是体现国家审计质量的一个方面。董延安认为,审计力量是影响国家审计质量的重要因素。2015年9月,审计署印发了《关于进一步加大审计力度促进稳增长等政策措施落实的意见》,要求审计机关加大问责力度,保障经济发展。

根据第四章的理论分析,提供信息和实施处罚是审计实现问责功能的两大基本过程,也是国家审计日常工作的主要内容。审计问责的目标是促进国家治理的实现,因此,其效果指标体现为政府行为的改进和国家治理效果的提升。国家审计问责为了改进政府行为,促进实现国家治理所投入的努力,体现为实现特定目标所做的功,即审计问责力度的大小。这里的功包括提供信息和进行处理处罚两个方面:

一、提供信息

根据定义,信息、解释和报告是实现问责的第一步,查责是问责的必要环节,无论是决策有用性、权力控制还是政府信息的公开,都离不开审计信息的保障支持。审计信息既能满足处罚问责的需求,又是问责过程和结果的产物。信息属性是国家审计问责的核心。而审计信息的数量、质量和公开决定了信息功能发挥的强弱,依赖于国家审计信息获取、处理和公开的能力。在审计实践中,审计信息获取、处理和公开的能力是无法度量的,只能从获取、处理和公开的结果予以考察,信息力度体现为信息的数量、质量和信息公开的水平。

首先,国家审计能够提供的信息数量较多。由于政府的行为活动涉及经济、政治和社会的各个方面,国家审计在问责中所关注的问题可宏观亦可微观,大到经济的整体运行情况,小至一个项目中数字的小数点。

其次,国家审计提供的信息质量高。问责初始收集的大量原始数字和材料往往是杂乱无章的,无法判断其真实性、可靠性、相关性,审计机关对信息进行加工和处理,使信息本身具有可信性;不仅如此,信息的高质量还建立在审计人员较强的信息筛选能力、信息鉴证能力、评价能力和宏观知识体系的基础之上,最终为政府部门提出合理有效的意见和建议,审计建议被采纳的水平与政府行为改进情况是直接相关的。

最后,审计信息公开是审计信息功能的重要体现,也是国家治理的客观需求,其最终形式表现为国家审计结果公告。审计信息的公开能够吸引广大民众对政府履行国家治理职责中存在问题的广泛关注,促进了政府相关部门和组织对问题的整改。

二、处理处罚

强制性是问责的第二个特征,国家审计具备一定的处理处罚权力,在对人行为的监督中发挥重要的作用。审计处罚增加企图违规者的违规成本,影响其自我合理化的心理过程,进而影响其违规决策,规范政府人员行为。我国的《审计法》第169条规定:"审计机关对被审计单位没有整改或者没有完全整改的事项,依法采取必要措施。"审计机关在审计终结后,对审计事项做出评价,出具审计意见书,依法做出审计决定。对于违反国家规定的财政财务收支行为、违反国家法律法规和部门法规的个人或机构,审计机关对其定性,并决定如何处理。

审计处理有两种情况:第一种是由审计机关决定直接实施处理处罚,包括责令纠正、罚款、警告等形式;第二种情况是审计机关认为被审计单位或个人应受到严重处罚,但是不具有给予行政处分、追究刑事责任的权力,因而要提请有权处理的机关依法处理。《审计机关审计处理处罚的规定》中第十八条和第十九条提到,"对被审计单位违反国家规定的财政收支、财务收支行为负有直接责任的主管人员和其他直接责任人员,审计机关认为应当给予行政处分的,应当向被审计单位或者其上级机关、监察机关提出给予行政处分的建议。依法应当构成犯罪的,移送有关司法机关追究刑事责任。"可见,最终是否给予处分和承担刑事责任的决定权属于纪检、监察、司法和其他有关部门,而不属于国家审计机关。审计机关只是为这些有处罚权力的部门提供了线索和处罚的建议,因此是一种配合处罚的行为。无论是直接实施责令纠正、罚款,还是配合处罚,都是通过威慑影响责任人的行为,发挥监督的功能。二者的不同之处在于:第一,处罚的实施者不同,前者是审计机关,后者为所移交的部门;第二,处罚的对象有差异,前者一般为单位或机构,后者落实到个人;第三,移交到司法、纪检部门的案件和人员违法犯罪程度往往更加严重。

虽然审计直接实施处罚和审计移交到其他部门都是审计处理处罚的体现,但二者又存在着一定的区别。因此,审计的处理处罚分为两种情况:直接处罚和配合处罚。

第二节　审计问责力度综合指标的确立

一、代表信息力度的测量指标

审计信息是解决各类经济案件的重要线索,也是连接政府和公众之间关系的桥梁与纽带,这就要求审计机关具备提供信息的能力。在审计实践中,国家审计提供信息的能力体现为提供信息数量、信息质量和信息公开的水平,信息力度大意味着国家审计提供的信息数量多、提出的建议被采纳多、信息公开程度更高。审计信息力度用Info表示,其指标定义见表6-1。

表 6-1　代表信息力度(Info)的测量指标定义

变量名称	变量符号		变量定义和说明
信息数量	X_1	出具审计报告和报送审计调查报告条数	
	X_2	提出审计建议条数	
信息质量	X_3		审计建议、信息被采纳比率
信息公开	X_4		向社会公众公告审计报告数量

1.信息数量。数量意味着增加国家审计信息的宽度和广度,增加覆盖面。审计机关在进行审计任务时,信息的体现形式是审计报告、审计调查报告和审计建议。因此,各地方审计机关出具审计报告和报送审计调查报告的条数、提出审计建议的条数表示了国家审计信息数量的指标。

2.信息质量。信息质量意味着所报告信息的信息含量,对于信息需求部门所发生问题的针对性、所提出整改建议的合理性和及时性。本书中采用审计建议和信息被采纳的比率来表示国家审计所提供的信息质量,代表了信息的接受程度,从侧面反映出信息的质量。

3.信息公开。审计结果公告是审计信息公开最主要的形式,本书搜集了2003年—2013年审计年鉴中各地方审计机关向社会公告审计报告的信息,缺失年份采用手动收集,搜集范围拓展到县级行政单位,用来表示国家审计信息公开的程度。

二、代表处罚力度的测量指标

(一)直接处罚力度

处理、处罚权是我国审计机关依法享有的十分重要的权限,它直接关系到审计机关审计监督职责的实现。只有责令纠正、处以罚金是审计机关实施的处罚行为,本书称为直接处罚功能。在地方审计机关审计工作综合情况表中,代表审计决定直接处理处罚金额的有:应上缴财政(包括罚没)、应减少财政拨款或补贴、应归还渠道资金和应调整处理金额等形式,本书将这四种金额相加并除以被审计单位的个数,作为审计直接处罚功能(Pun)的体现,直接处罚力度的大小代表了处罚的严厉程度,单位审计决定处罚的金额越高,说明审计直接处罚的力度越大。具体的指标定义见表6-2。

表6-2 代表直接处罚力度(Pun)的测量指标定义

变量名称	变量符号	变量定义和说明
单位审计决定处理处罚金额	X_5	[应上缴财政(包括罚没)+应减少财政拨款或补贴+应归还渠道资金+应调账处理金额]被审计单位个数

(二)配合处罚力度

审计问责的完成是由多个部门共同合作的行为。然而,在大多数情况下,审计只是发现问题的途径,而不是解决问题的钥匙。主体参与的一个有组织的系统活动,在参与者之间,存在着协调问题,需要公众、审计、纪检监察、人事、组织、司法部门的配合。从审计实践看,各级审计机关和广大审计人员坚持原则,敢于碰硬,对发现的各种违法违规问题和案件线索一查到底,为配合有关部门严厉打击经济领域的违法犯罪活动和商业贿赂提供了重要线索。因此审计不仅仅具有直接处罚的功能,而且能够配合司法、纪检和其他有关部门的调查,实现对重大违法、违规人员的行政和刑事处罚。本书将审计的移送功能称为配合处罚功能(CoPun)。审计配合处罚力度大,意味着审计机关移交司法、纪检监察和其他有关部门的案件和人员数量多。

在审计情况调查统计表中,有六个指标代表了审计的移送情况,本书将其分为两类,审计移送案件和审计移送人员,具体的变量定义见表6-3。

需要指出的是,本书是从审计自身行为的角度对审计提供信息、直接处罚和配合处罚的力度进行指标构建,至于配合处罚的结果,如有多少案件和人员落实、是否引发行政复议,并不是审计机关能够决定和支配的,因此,本书未将审计处罚落实情况纳入指标测量体系当中。

表6-3 代表配合处罚力度(CoPun)的测量指标定义

变量名称	变量符号	变量定义和说明
审计移交案件数量	X_6	审计移交司法机关案件数+审计移交纪检监察部门案件数+审计移交有关部门案件数
审计移交人员数量	X_7	审计移交司法机关人数+审计移交纪检监察部门人数+审计移交有关部门人数

第三节 基于因子分析法的审计问责力度综合值分析

一、数据来源

本书采用部分数据为研究对象,构建代表审计问责力度的综合测量指标。审计问责通过审计的处罚功能和信息功能实现,具体的指标包括单位审计决定处理处罚金额;审计移送司法、纪检和有关部门的案件数量;审计移送司法和纪检监察以及有关部门的人员数量;出具审计报告和报送审计调查报告条数;提出审计建议条数;审计建议和信息被采纳比率;向社会公众公告数量。这些指标可以在《中国审计年鉴》地方审计机关审计情况统计表和各地方审计机构官方网站获得,X_1—X_7的数据主要来源于2003年—2013年《中国审计年鉴》和各地方审计机构网站,在Excel表格中进行简要的统计和计算,因子分子采用Stata12.0 SE软件。因子分析之前对所有变量进行标准化和缩尾(1%)处理。

二、模型检验

基于国家审计的问责功能分析,本书认为,审计问责力度应包含三个层面的内容:信息力度、审计直接处罚力度、审计配合处罚力度。审计问责力度综合测量值的模型如下:

$$\text{Audit}_{it} = \alpha \text{Info}_{it} + \beta \text{Pun}_{it} + \gamma \text{CoPun}_{it}$$

其中,审计的信息力度表示审计机关提供的信息数量多少、信息质量好坏和信息公开水平三个层面的内容;审计直接处罚力度指单位审计决定处理处罚金额;审计配合处罚力度指审计决定移交其他问责部门的案件数量和人员数量。具体指标包括出具审计报告和报送审计调查报告条数 X_1、提出审计建议条数 X_2、审计建议和信息被采纳比率 X_3、向社会公众公告数量 X_4、审计决定处理金额 X_5、审计移送司法、纪检和有关部门的案件数量 X_6、审计移送司法和纪检监察以及有关部门的人员数量 X_7。

对这 7 个指标的相关性进行分析,见表 6-4。从表 6-4 中的相关系数矩阵可以看出,7 个指标是同向的,从不同角度反映了审计问责的力度,而且指标间不是相互独立的,大部分指标间具有显著的相关性。单位审计决定处罚金额 X_5 与其他大部分指标间都不具有显著的相关性,而审计决定移交案件数量 X_6 和审计决定移交人员数量 X_7 之间、审计出具报告数量和审计向社会公开报告数量之间、审计提出建议和审计建议被采纳比率之间,都存在显著的相关关系。变量间的相关性能够为因子分析提供合理的基础。

表 6-4　各指标的相关矩阵

	X_1	X_2	X_3	X_4	X_5	X_6	X_7
X_1	1.000	0.586 (0.000)	0.497 (0.000)	0.295 (0.000)	0.061 (0.268)	0.538 (0.000)	0.442 (0.000)
X_2	0.702 (0.000)	1.000	0.688 (0.000)	0.101 (0.066)	0.231 (0.000)	0.31 (0.000)	0.211 (0.000)
X_3	0.483 (0.000)	0.672 (0.000)	1.000	0.076 (0.167)	0.405 (0.000)	0.203 (0.000)	0.136 (0.014)
X_4	0.289 (0.000)	0.319 (0.000)	0.194 (0.000)	1.000	0.019 (0.737)	0.357 (0.000)	0.349 (0.000)
X_5	0.0229 (0.679)	0.102 (0.065)	0.278 (0.000)	0.116 (0.036)	1.000	0.027 (0.63)	0.02 (0.723)
X_6	0.367 (0.000)	0.295 (0.000)	0.204 (0.000)	0.141 (0.010)	0.086 (0.118)	1.000	0.83 (0.000)
X_7	0.163 (0.003)	0.187 (0.001)	0.185 (0.001)	0.055 (0.321)	0.117 (0.033)	0.613 (0.000)	1.000

KMO 检验和 Bartlett 检验对于确定变量是否适合做因子分析是必需的。表 6-5 结果显示,对变量进行 Bartlett 球形度检验 P 值小于 0.01,说明各变量间具有相关性,可进行因子分析[①]。另外,对 7 个指标进行 Kaiser-Meyer-Olkin 检验后,得到 KMO 系数为 0.662,说明对上述变量进行因子分析的效果较好[②]。上述反映审计问责力度水平的 7 个指标适合采用因子分析法进行相关指标的合并,形成综合因子。

---

① Bartlett 球形度检验用于判断变量间是否彼此独立,如果独立,则无法从中提取公因子,也就无法应用因子分析法。P 值小于或等于 0.01,表示适合做因子分析。

② 根据 Kaiser 给出的度量标准:0.9 以上表示非常适合;0.8~0.9 表示很适合;0.7~0.8 表示适合;0.6~0.7 表示勉强适合;0.5~0.6 表示不太适合;小于 0.5 表示极不适合。

表6-5　KMO和Bartlett检验

取样足够度的 Kaiser-Meyer-Olkin 度量	KMO值	0.662
Bartlett 球形度检验	近似卡方	711.165
	自由度	21
	P值	0.000

三、主成分分析

分析指标的方差贡献率,依据特征根大于1,选出公共因子。从表6-6的结果可以看出,有三个成分大于1的特征值,分别为2.75992,1.31126,1.05949。累计贡献率为73.3%,表明总体有接近73.3%的信息可以由这三个公因子来解释[①]。从图6-1的碎石图中也可以看出3个因子能较好地反映和解释审计问责力度水平。

表6-6　特征值和解释方差

	特征值	贡献率%	累计贡献率%
因子1	2.75992	39.43	39.43
因子2	1.31126	18.73	58.16
因子3	1.05949	15.14	73.30
因子4	0.85677	12.24	85.53
因子5	0.459481	6.56	92.10
因子6	0.318686	4.55	96.65
因子7	0.234385	3.35	100.00

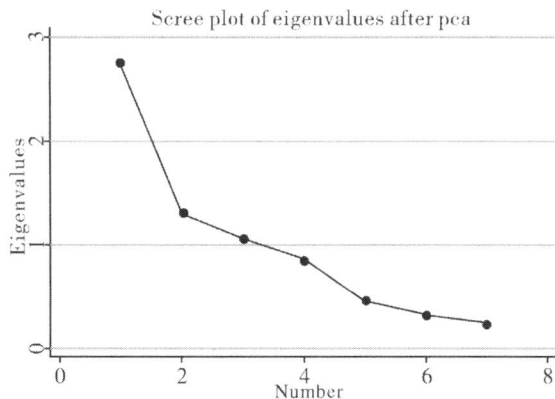

图6-1　碎石图

---

① 根据特征根的大小选取主成分。一般情况下,当特征根小于1时,就不再选作主成分了,因为该主成分的解释力度还不如用原始变量解释的力度大。

对初始的因子分析进行旋转,获得旋转成分矩阵,见表6-7。从表6-7的旋转成分矩阵可以看出,出具审计报告和报送审计调查报告数量、审计提出意见条数、审计信息和建议被采纳比率、审计向社会公开报告数量和公因子F_1密切相关;审计决定移送案件数量和审计决定移送人员数量与公因子F_2密切相关;单位审计决定处理处罚金额与公因子F_3密切相关。结合理论分析,公因子F_1代表审计问责力度中的信息力度(Info),公因子F_2代表了审计配合处罚力度(CoPun),公因子F_3代表审计直接处罚力度(Pun)。

表6-7　旋转成分矩阵

	公因子F_1	公因子F_2	公因子F_3
出具审计报告和报送审计调查数量X_1	0.5536	0.0635	-0.2377
提出审计建议条数X_2	0.5879	-0.0030	-0.0195
审计信息、意见被采纳比率X_3	0.5761	-0.0345	0.2870
向社会公告审计报告数量X_4	0.6338	-0.0896	0.0944
单位审计决定处理处罚金额X_5	-0.0180	0.0170	0.9182
审计移送案件数量X_6	0.0795	0.6788	-0.0545
审计移送人员数量X_7	-0.0562	0.7250	0.0756

提取方法:主成分。

旋转法:具有 Kaiser 标准化的正交旋转法。

因此,从表6-8成分得分系数矩阵中,得到了最终的因子得分方程:

Info = $0.4727X_1 + 0.5102X_2 + 0.4506X_3 + 0.4681X_4 + 0.1494X_5 + 0.1666X_6 + 0.2909X_7$

Pun = $-0.3226X_1 - 0.1074X_2 + 0.2140X_3 + 0.0502X_4 + 0.9059X_5 - 0.1218X_6 + 0.0230X_7$

CoPun = $-0.1986X_1 - 0.2724X_2 - 0.2478X_3 - 2323X_4 + 0.0275X_5 + 0.5664X_6 + 0.6704X_7$

表6-8　成分得分系数矩阵

	公因子F_1	公因子F_2	公因子F_3
出具审计报告和报送审计调查数量X_1	0.4727	-0.1986	-0.3226
提出审计意见条数X_2	0.5102	-0.2724	-0.1074
审计信息、意见被采纳比率X_3	0.4506	-0.2478	0.2140
向社会公告审计报告数量X_4	0.4681	-0.2323	0.0502
单位审计决定处理处罚金额X_5	0.1494	0.0275	0.9059

	公因子 F_1	公因子 F_2	公因子 F_3
审计移送案件数量 X_6	0.1666	0.5664	-0.1218
审计移送人员数量 X_7	0.2909	0.6704	0.0230

表6-9　旋转平方和载入方差贡献率

	合计	贡献率%	累积贡献率%
F_1	2.41669	34.53	34.53
F_2	1.6045	22.92	57.45
F_3	1.10949	15.85	73.30

对于 F_1、F_2 和 F_3 在衡量审计问责力度中所占的权重,依据表6-9中旋转平方和载入方差贡献率得到。在表6-9中,公因子 F_1、F_2 和 F_3 的方差贡献率分别为34.53%、22.92% 和15.85%,对其标准化处理,三者的权重分别是0.4711,0.3127和0.2162。所以,地方政府审计问责力度水平的测量公式为:

$$Audit = 0.4711Info + 0.2162Pun + 0.3127CoPun$$

因此,借助省级地方政府的数据,运用因子分析法,可以构建以上模型获得地方政府的审计问责力度水平的综合值[①]。

第四节　本章小结

本章的主要研究内容是讨论如何构建审计问责力度的综合测量指标体系。第四章对国家审计和问责之间的内在关联性进行了分析,讨论了国家审计发挥问责功能的原理,强调了信息和处罚功能在问责实现过程中的重要作用,因此,本书依据这一理论设计表示审计问责力度的衡量指标。对审计调查情况统计表中可观测和计算的单位,审计决定处理处罚金额、审计移送案件数量、审计移送人员数量、出具审计报告和审计调查报告数量、提出审计建议条数、审计信息和审计建议被采纳比率、向社会公告审计报告数量这7个指标,然后运用因子分析法,获得审计实现问责所依托的3个基本公因子——信息功能、直接处罚功能和配合处罚功能,并通过各自权重构建审计问责力度测量模型,为下面两个章节实证分析审计问责的目标实现效果以及改进政府行为的效果做数据基础。

---

① 限于篇幅,本章未显示审计问责力度、审计信息、直接处罚和配合处罚力度得分的结果。

根据对目标实现功能的理论分析,国家审计问责能够通过影响政府行为来服务国家治理。那么在现实中,国家审计问责的效果如何? 是否有效促进了国家治理目标的实现? 政府行为是否如理论分析中所述,是审计问责作用于国家治理的媒介? 除了腐败治理以外,能够通过改进政府决策和政府信息公开来服务国家治理吗? 本章从实证角度对这些问题进行考察。

理论分析中,国家治理内容被转化为三个领域:经济治理、政府治理和社会治理,讨论审计问责在国家治理中的作用关系也是着眼于讨论审计问责和这三大领域之间的关系,实证研究也遵循理论分析的研究框架,在检验审计问责、政府行为和国家治理之间的关系时,从经济、政治和社会三大层面分别展开,经济持续健康发展、政府效率提升、公众信任政府并积极参与到国家事务当中是国家治理的三大具体目标。这三大目标的实现离不开政府行为的影响。

政府行为是政府履行责任的途径。政府的行为结果决定了政府公共受托责任的履行情况,也决定了国家治理目标的实现。从经济治理的角度,政府或者其他主体履行管理公共事务职能的经济基础是财政,或者广义地讲是公共资源。国家经济发展很大程度上取决于国家能不能有效率地分配公共资源,其实质上反映的是政府的政策选择,影响经济治理效果最主要的决定性因素是政府资源配置行为,即政府的决策制定。政治治理中,政府如何使用权力决定了政府自身的工作效率,然而权力也具有两面性,既具有较大的影响力和支配力,又具有较强的腐蚀性和扩张性。政府行使公共权力的过程中最为典型和常见的行为结果是腐败。社会治理层面,无论是信任的建立、公众的参与,还是利益的协调、谈判,政府的信息公开与否和公开程度是关键因素。

因此,本书认为,政府决策有效性、腐败严重程度和信息公开水平分别代表了政府公共资源配置、公共权力使用和信息公开的典型的行为结果。依据不同类型政府行为对三大领域治理作用的侧重点不同,从三个层面进行实证检验:1.审计问责、政府决策有效性和经济发展的关系检验。有效的宏观调控政策能够为下一年甚至未来几年的经济发展指明方向,减少内外部风险。因此,本书将政府的决策行为作为审计问责影响经济发展的媒介。2.审计问责、腐败治理和政府效率的关系检验。腐败是利用公共权力牟取私利、侵犯公共利益的行为,危害极大,不但会造成政怠宦成、人亡政息,而且会削弱政策执行力,降低政府运行效率,危害地方政府效率。因此,将腐败治理作为审计问责影响政府效率的媒介。3.审计问责、政府信息公开和公众参与的关系检验。政府信息公开增加公众参与管理国家事务的机会,满足公众的知情权,因此将信息公开行为作为审计问责影响公众参与的媒介。

中介效应的成立是需要条件的,按照中介效应模型建立的要求和检验标准,研究成立需要满足如下四个条件:一是审计问责能够显著促进经济发展、政府效率和公众参与;二是审计问责显著促进政府行为的改进;三是政府行为结果影响国家治理的效果;四是当控制政府的行为时,审计问责对国家治理效果的影响显著降低或不再显著。

需要指出的是,本书并不否认政府决策对政治和社会治理、腐败对经济和社会治理、信息公开对经济和政治治理的可能影响,但是本书实证的目的并不是检验出影响经济、政治和社会治理效果的所有政府行为因素,而是根据理论分析分别验证不同类型的政府行为是否在审计问责和国家治理三大领域的关系中发挥媒介作用,进而检验出审计问责促进国家治理目标实现的作用机理。政府的决策行为决定了资源的配置效果,因此主要对经济增长产生影响;政府的腐败行为主要影响政府的执政能力,因此主要对政府效率产生影响;政府信息公开面对公众的知情权利,对公众参与产生主要影响。

第一节　审计问责、政府决策有效性和经济发展

一、引言

已有研究大部分认可了国家审计和经济发展之间的关系。国家审计既是经济发展的产物,又是经济发展的推动力。经济越发展,审计越重要。国家审计是经济社会运行的免疫系统,能够立足国家经济发展方式转变,追踪国家各项转变发展方式政策措施的贯彻落实到位情况,服务宏观决策,督促改革和优化经济发展方式的体制机制的建立和完善。李明运用1984年—2010年的省级地方数据,实证考察国家审计促进地方经济发展的作用效果及作用路径,发现国家审计作用的发挥不利于实现短期经济增长,但却能够显著促进地方经济的长期发展。国家审计对于地方政府的促进作用,主要是通过提升地方政府的行政管理效率、减少地方政府的不合理支出、促进地方政府积极开展反腐败等措施来实现的。李琰和张立民发现审计查出问题越多,地区经济水平越高。

虽然国家审计和经济发展之间的密切联系得到了理论层面的认证,但是仍然缺乏经验证据。如何衡量和刻画国家审计在经济社会中所发挥的作用,是本章节的实证研究需要解决的关键问题。本书将政府决策有效性作为政府行为的一种典型行为结果,检验审计问责、公共资源配置行为和经济发展之间的关系,以往研究主要从政府行政效率、政府支出和腐败行为角度进行验证。而在本书的理论分析中,政府决策或者宏观调控是影响下一年甚至未来几年的经济发展方向的决定因素,审计问责与经济发展存在关联,必然与政府的宏观调控行为存在密不可分的关系。这也是本书与现有研究的最大的不同之

处和创新之处。

研究发现,审计问责能够促进地区经济发展,且这一功能是通过改进政府的决策行为来实现的,尽管审计问责促进经济发展的中介变量不止一个,但仍然具有重要的意义。本书的研究贡献在于:扩展了有关国家审计和经济发展之间相互关系的研究。加入政府决策有效性这一中介变量,从实证角度揭示了审计问责服务经济治理的机制和路径,即审计问责通过影响政府资源配置行为,对经济发展产生积极影响。这一结论也为进一步研究审计信息和审计处罚改进政府决策行为的作用效果研究提供了前提和基础。

二、理论分析与研究假设

(一)审计问责与经济发展

在国家治理中,制度是维系国家公共秩序并协调资源配置、促进经济发展的重要治理手段。目前,在中国经济发展的有关问题上,已有研究主要探讨了激励机制,尤其是经济激励和政治晋升激励在经济增长中的作用。国家审计作为一种国家治理的制度设计,在经济发展中同样发挥着举足轻重的作用。关于审计问责和经济发展的关系,审计署原审计长刘家义曾指出,"国家审计作为国家治理的免疫系统,有责任预知风险、揭露问题、提出建议、督促整改和健全机制,进而促进国家经济健康稳定的发展。"

审计问责能够根据国家经济发展趋势和对经济变化的敏感度,切实抵御和防止经济运行中出现不必要的损失。在受到外部不良冲击和干扰时,时时监控国内经济运行和经济发展的变化,综合分析后提出相关的建议,不仅仅为政府的决策提供重要的参考依据,还审查包括政府部门在内的各类经济主体的行为是否执行了宏观调控政策,从而间接地参与经济治理。从2013年8月审计署发布的绩效审计报告看,2012年审计署共审计或调查单位765个,全年可用货币计量的审计成果为1282亿元,人均审计成果为4030万元,投入产出比为1∶116,即每花1元的财政资金到国家审计当中,可为国家带来增加收入、节约成本等直接经济效益116元。作为国家治理机制的一部分,审计问责是通过作用在某一中介变量上,进而影响中国经济发展的,这一中介变量就是政府的资源配置,其本质是政府的决策行为。

(二)政府决策与经济发展

我国正处于社会主义初级阶段,目前和今后相当长一段时间内,国家的分配体制不够完善,公共资金和公共资源配置中供需矛盾日益突出,经济的发展伴随着巨大的内外部风险。为了确保我国经济的长期持续发展,中央政府会根据当前经济的发展状况和面临的瓶颈问题,站在全局的角度制定一些前瞻性的发展战略和政策,比如新中国成立以来每隔五年所制定并实施的"五年计划",这些宏观政策和调控计划为我国的经济发展指明了方向。政策制定如同一个项目的计划指南,众所周知,计划书是"作战指南",决定了整个项目的方向和预期,并指明"为了明天,今天必须做什么",宏观政策的制定是下一年甚至未来几年经济发展最重要的第一步,第一步有误差则满盘皆输。政府决策的有效性能够促进地方经济的可持续发展,突出体现在减少地方政府的非效率投资。长期以来,投资在我国的经济发展中扮演了非常重要的角色。我国的地方政府具有强烈的投资冲动,导致了在基础设施领域出现了较为严重的重复建设问题。基础设施领域的投资对短期经济增长的促进作用非常明显,但是重复建设等过度投资的出现却导致财政资金的利用效率并不高,过度依赖于基础设施领域的投资难以在促进经济发展方面发挥更大的作用。比如,2008年金融危机发生之后,我国政府所出台的4万亿元投资计划,在促进经济的长期健康发展中似乎并未发生太大的作用,反而导致了货币超发以及由此带来的通货膨胀等一系列问题。因此,经济的发展关键在于政府决策的有效性,遏制非效率投资。

需要指出的是,除了决策行为以外,政府的寻租腐败和信息公开行为都会对经济发展产生影响。腐败增加了公共投资,但是减少了公共投资的产出。腐败不仅仅有损社会风气,侵蚀国家能力,还对资源造成严重的浪费。同样,信息透明度的缺乏也使市场因为信息不对称而造成资源配置效率低下,对经济发展产生不利影响。然而,本书并不将政府的腐败行为和信息公开行为作为本章的主要中介变量,因为对于经济发展来说,宏观政策的制定比政府腐败行为和信息公开行为的影响更为主要。

(三)审计问责和政府决策有效性

政府决策行为的改进,需要增强政府自身的能力,但严格的制度监督和辅助必不可少。审计问责能够保障国家宏观调控政策的落实,不仅仅对决策所需信息本身的实时性和可靠性进行审查,而且通过提供信息对宏观调控政策产生影响,从而间接参与经济治理。"天下未乱计先乱,天下欲治计乃治"是我国著名会计学家杨时展教授对审计问责与经济治理关系的高度概括。

审计问责能够对经济政策制定、执行过程和执行效果进行监督。经济政策制定包括发现问题、搜集信息、制定政策这三个过程。首先,审计问责在履行受托责任,对公共经济责任的履行情况进行调查,再把结果反馈给相关部门作为政策制定和调整的科学依据,这样可以起到检查决策信息真实性的作用。其次,对宏观经济政策的执行情况进行监督,重点关注各政策执行主体的行为是否符合规定要求。审计问责还通过要求被审计单位纠正其错误行为来保证经济政策的有效执行。最后是评估经济政策的效果。政策评估即根据既定的标准评价经济政策的效果,发现问题并提出相应的纠正措施,来使宏观调控达到预定的效果。

(四)研究假设

综合上述理论分析,审计问责能够促进经济的可持续发展,但并不能直接和经济发展互相作用,也没有进行宏观管理的能力。审计问责通过对数据本身的分析以及信息对行为的影响,实现对政府与投资相关的宏观政策制定和执行的效果产生影响,因此审计问责在政策制定的有效性和合规性等方面规范了政府的行为。政府的宏观调控也就是宏观政策的制定,在我国的经济发展方向中起着关键性作用。因此,审计问责能够提升决策的有效性,进而影响经济的发展水平。据此,本书提出了三个假设:

假设1.1:审计问责力度越大,政府决策越有效。

假设1.2:政府决策有效性越高,经济发展越好。

假设1.3:审计问责能够促进经济发展,政府决策行为是这一进程的中介变量。

中介效应的成立是需要条件的,按照中介效应模型建立的要求和检验标准,本章的研究成立需要满足如下四个条件:一是审计问责能够促进经济发展;二是审计问责显著促进政府决策行为的改进;三是政府决策有效性能够显著促进经济的发展;四是当控制政府的决策行为时,审计问责对经济发展的影响显著降低或不再显著,如图7-1所示。

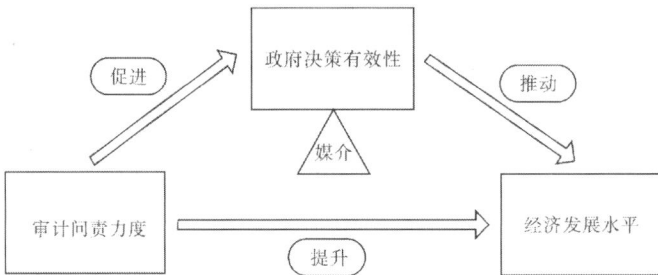

图7-1　审计问责、政府决策有效性和经济发展的关系

三、研究设计和样本选择

(一)模型的设定

基于理论分析和中介效应成立的四个条件,本书构建了四个模型。模型1.1检验了审计问责和政府决策行为的关系,模型1.2检验政府决策行为和经济增长的关系,后面两个模型验证假设1.3。模型1.3检验审计问责和经济发展的关系,模型1.4是建立在假设1.1、假设1.2和审计问责能够促进经济发展这三个条件成立的基础之上,控制了政府决策变量之后,检验审计问责对经济增长的作用是否仍然显著或显著性是否降低,以验证政府决策行为是审计问责促进经济发展的媒介。

模型1.1:

$$Einv = \alpha_0 + \alpha_1 \times Lag\_Audit + \alpha_2 \times MI + \alpha_3 \times GSize + \alpha_4 \times Edu + \alpha_5 \times LnPop + \alpha_6 \times Tra + \alpha_7 \times FDI + \alpha_8 \times Sf + \alpha_9 \times Elect + \varepsilon$$

模型1.2:

$$pGdp = \alpha_0 + \alpha_1 \times Lag\_Einv + \alpha_2 \times MI + \alpha_3 \times GSize + \alpha_4 \times Edu + \alpha_5 \times LnPop + \alpha_6 \times Tra + \alpha_7 \times FDI + \alpha_8 \times Sf + \alpha_9 \times Elect + \varepsilon$$

模型1.3:

$$pGdp = \alpha_0 + \alpha_1 \times Lag\_Audit + \alpha_2 \times MI + \alpha_3 \times GSize + \alpha_4 \times Edu + \alpha_5 \times LnPop + \alpha_6 \times Tra + \alpha_7 \times FDI + \alpha_8 \times Sf + \alpha_9 \times Elect + \varepsilon$$

模型1.4:

$$pGdp = \alpha_0 + \alpha_1 \times Lag\_Audit + \alpha_2 \times Lag\_Einv + MI + \alpha_4 \times GSize + \alpha_5 \times Edu + \alpha_6 \times LnPop + \alpha_7 \times Tra + \alpha_8 \times FDI + \alpha_9 \times Sf + \alpha_1 0 \times Elect + \varepsilon$$

(二)变量选择

1.被解释变量

(1)经济发展水平

经济发展是一个宽泛、综合的概念,是国力增强和人民生活水平提高的重要体现。本书采用"人均国内生产总值"表示地区经济发展水平[①]。人均GDP常作为经济学中衡量经济发展状况的指标,是最重要的宏观经济指标之一,它是人们了解和把握一个国家或地区的宏观经济运行状况的有效工具。人均国内生产总值越高,表明该地区的经济发展水平越好,用pGdp表示,本节将pGdp作为模型1.2、1.3和1.4的被解释变量。

(2)政府决策有效性

作为影响政府公共资源配置效率的典型行为,政府决策尤其是投资决策决定着下一年、未来几年甚至几十年的宏观调控目标和经济发展方向,是经济活动和国家治理重点研究的问题。政府决策即政策制定,是指政府为解决某个政策问题而策划设计政策方案,在公正和公平的基础上选择和决定公共政策方案,并支持全部公共政策活动过程的政府行为。它不仅包括对行动决策方案的最后选择,还包括做出最后选择之前必须进行的一切活动。

政府投资决策的关键在于弥补市场失灵和失效。投资一直是保持我国经济较快增

---

① 李琰和张立民将"国内生产总值的自然对数"作为表示经济发展水平的代理变量,发现国家审计查出问题越多,审计结果处理落实效果越好,经济发展水平越高。本书未将经济增长作为表示被解释变量,是由于在投资效果系数的定义中,包含了"国内生产总值增加额"的内容。

长的重要手段,保持适当的投资规模和增速对我国地方的经济发展具有重要的作用。地方政府投资决策是政府投资的起始环节,其决策的好坏直接关系到整个投资项目的成败。地方政府投资建设的项目主要集中于交通、能源、公用设施等固定资产投资方面。不可否认,政府投资于这些项目确实可以起到优化经济发展条件、改善地方基础设施、创造更多就业机会等众多作用。但值得注意的是,政府投资不以获取经济利益为根本出发点,它无法直接受到市场调节,投资决策过程中受到很多自身及外界因素的影响,从而导致投资决策效率低下、决策失误率较高,给国家造成巨大的资源浪费和经济损失。地方政府在财政利益和政治晋升的双重激励下,总是有利用违规优惠政策进行引资的强烈动机,从而引发企业投资冲动,导致投资过热,进而对宏观经济稳定产生巨大冲击。信息不充分、不确定性把握和决策能力有限等原因,宏观经济政策对经济运行的积极作用不可高估,消极作用在所难免,政策居高临下、一抓就灵是不可能的。因此,需要审计问责对决策的有效制定和执行进行严密的监督和控制。

关于政府投资决策有效性,本书采用投资效果系数(Einv)进行度量,作为模型1.1的被解释变量,验证假设1.1。投资效果系数,是指一定时期内单位固定资产投资所增加的国内生产总值。其计算公式为:投资效果系数 Einv=地区国内生产总值增加额/全社会固定资产投资总额。

2.解释变量

(1)审计问责力度

审计问责力度(Audit)作为模型1.1、模型1.3和模型1.4的观测变量。审计问责力度表示了审计机关在问责过程中所付出努力的大小,是通过对单位审计决定处理处罚金额、审计决定移送案件数量、审计决定移送人员数量、出具审计报告和审计调查报告数量、提出审计建议条数、审计信息和审计建议被采纳比率、向社会公告数量这7个指标进行主成分分析,获得信息功能和处罚力度线性组合的综合得分(Audit)。根据理论分析,审计问责力度越大,说明国家审计的问责质量越高,政府投资决策有效性越高,经济发展水平越好,因此预测审计问责力度与政府投资效率之间呈现正相关关系,与经济发展水平亦呈现正相关关系。

(2)政府决策有效性

政府决策有效性(Einv)作为模型1.2的观测变量,采用投资效果系数来表示。

3.控制变量

(1)市场化指数

对审计问责治理效果的检验离不开审计独立性的影响。由于审计独立性难以直接观测,国外学者使用审计师任期、审计客户的规模和财务状况等作为注册会计师审计独立性的代理变量。在国内的研究中,学者都认为我国的审计独立性与行政干预、行政型的审计体制等有关,尤其是宋夏云的研究,通过调查问卷发现行政型审计体制和行政干预是影响我国国家审计独立性的主要因素。对于各省的国家审计机关来说,行政型审计体制这种制度安排各省都一样。因此,我们认为各省国家审计的独立性主要受行政干预的影响。对国有企业和国有金融机构的干预会扰乱市场经济秩序,市场经济秩序也一定程度上决定着政府的决策行为。

现有很多研究用来表示市场化程度的指标,包括非国有企业占工业总产值比重,非国企就业人员占总就业人员比例等。然而,这些指标表示政府的干预水平存在明显的缺陷。受学术界较多认可的是中国经济改革研究基金会国民经济研究所编制的市场化指数,也被称为樊纲指数。该指数的缺陷是目前只公布了1997年—2007年的数据,但是可以借鉴韦倩等的方法[1]对其进行补充。唐雪松、罗莎和王海燕对不同地区市场化程度的审计效果进行了研究,发现市场化进程越好,审计结果的利用以及实施效果越好。林斌和刘瑾也发现市场化程度较高的省份,审计发现问题越多,审计整改效果越好,审计建议被采纳的情况也越好。因此,市场化指数作为促进国家审计问责质量水平的一个指标,对于改进政府行为以及经济发展有着积极的意义。

(2)政府规模

政府规模可以从两个层面影响政府行为。第一,政府规模的扩大意味着政府管制和审批程序增多,这增加了政府人员获取个人利益的机会。具有资源和权力的政府人员会设置较多的审批环节,来增加自身的权力,扩大寻租的机会,腐败也可能产生。第二,政府规模的扩大也意味着人员的增多,出现冗员。这会造成一种官僚主义风气,而官僚主义是产生腐败的一个重要因素,官僚作风越严重,政府受贿的欲望越强烈,从而限制了决策的有效性,腐败也会越来越猖獗。

本书用地方政府工作人员数目的自然对数来反映政府规模GSize。政府工作人员是《中国统计年鉴》中按行业细分的"公共管理与社会组织"的就业人员数量,包括中国共产

---

[1] 按照韦倩、王安和王杰发表在《经济研究》上的文章所利用的方法:首先,将1997年—2007年间的市场化指数(market)作为被解释变量,将非国有企业产值比例non_state作为解释变量,按照方程 $market_{it}=a+b\,non\_state_{it}+c_{it}+\varepsilon_{it}$ 估计a、b、c三个相关系数,然后将这三个估计系数作为1997年—2013年间的相关参数,利用公式 $market_{it}=\hat{a}+\hat{b}\,non\_state_{it}+c_{it}$ 推算调整后的市场化指数 $market_{it}$,结果显示所获得的指数与樊纲的市场化指数具有较高的拟合性。然后将原樊纲指数与本书计算获得的2010年—2013年间的市场化指数合并,获得本书所需年度的表示政府干预程度的指标MI。

党机关、国家机构、人民政协和民主党派、群众社团、社会团体和宗教组织的机关工作人员。

（3）地区教育水平

地区教育程度越高,地区人员素质越好,人们获取信息和监督政府的能力越强,从而对国家治理产生重要的影响。本书采用每万人高等学校学生数表示地区教育程度Edu,控制其可能产生的影响。高等学校在校学生数量的数据来自《中国统计年鉴》中的数据。

（4）人口规模

控制地区人口对政府决策和经济发展的影响,采用地区常住人口的自然对数LnPop表示。

（5）外商直接投资

改革开放使中国看到了招商引资的巨大潜力,并大力吸引外资。地方政府竞争外商的目的是为发展经济。为了获得更多的投资,地方政府会争相制定优惠政策,减少审批环节等,这些行为必然对投资效果、权力的合法性以及信息公开产生影响。FDI的度量,首先按照各年度平均汇率对美元进行折算,然后以2003年为基期的价格指数进行调整,除以地方人口数,作为人均实际利用的外商直接投资。外商投资数据来自《中国统计年鉴》中的数据。

（6）贸易开放度

贸易的开放程度也会对政府的行为产生重要影响,因为贸易开放意味着信息的开放,舆论自由和行为的创新增多,可能会对当地政府的行为产生一定的作用。依据周业安等的研究,以"进出口总额/实际GDP"来衡量贸易开放度(Tra),控制其可能的影响。对于进出口总额,首先按照各年度人民币对美元的汇率进行折算,然后再以价格指数(CPI)进行相应调整,以2003年价格指数为基数。

（7）财政自给率

地方政府的财政充足程度,会影响政府的投资决策,寻租行为和信息公开。因此,借鉴傅勇的做法,以"预算内财政收入/预算内财政支出"来衡量财政自给率(Sf),控制其可能产生的影响。

（8）政府换届

加入政府换届(Elect)虚拟变量,控制政府机构改革和政府换届的影响。其中2003年、2007年和2013年为1,其余年份为0。

上述变量各指标的具体含义如表7-1。

表7-1　变量定义(审计问责、政府决策有效性和经济发展)

	变量名称	变量符号	变量定义	模型1.1	模型1.2	模型1.3	模型1.4
被解释变量	经济发展水平	pGdp	人均国内生产总值		√	√	√
	政府决策有效性	Einv	投资效果系数;Einv=地区国内生产总值增加额/全社会固定资产投资总额	√			
解释变量	审计问责力度	Audit	因子分析审计问责力度Audit的综合得分	√		√	√
	政府决策有效性	Einv	地区国内生产总值增加额/全社会固定资产投资总额		√		√
控制变量	市场化指数	MI	首先按照韦倩等的方法估计2010年—2013年的市场化指数,然后与樊纲等报告的2003年—2009年的数据进行合并,构成市场化指数MI				
	政府规模	GSize	GSize=地方政府工作人员数量的自然对数 政府工作人员是《中国统计年鉴》中按行业细分的"公共管理与社会组织"的就业人员数量,包括中国共产党机关、国家机构、人民政协和民主党派、群众社团、社会团体和宗教组织的机关工作人员;事业单位人员是国有性质的事业单位就业人数				
	人口规模	LnPop	地区常住人口取自然对数				
	地区教育水平	Edu	每万人高等学校学生数				
	外商直接投资	FDI	首先按照各年度人民币对美元的汇率进行折算,然后再经过以2003年为基期的价格指数(cn)的调整,除以地方人口数,作为人均实际利用的外商直接投资				
	贸易开放度	Tra	进出口总额/实际GDP 对于进出口总额,首先按照人民币对美元汇率折算,然后再以2003年为基期的价格指数(CPI)进行相应调整				
	财政自给率	Sf	预算内财政收入/预算内财政支出				
	政府换届	Elect	2003年、2007年和2013年为1,其他为0				

(三)样本和数据选择

本节以2003年—2013年间我国部分地区为研究对象,考察审计问责力度、政府决策有效性和经济发展水平之间的关系。数据主要来自2003年—2013年的《中国统计年鉴》和《中国审计年鉴》中的数据。经过整理之后,获得30个省份11年的330个面板样本数据。本书主要采用Excel和Stata12.0 SE软件进行数据处理。

(四)研究模型效度的处理说明

为确保研究模型的效度,本书在开始实证模型的运算之前,对研究样本进行如下的效度处理:

第一,异常值处理。对表示政府决策行为和经济发展水平的变量及其他控制变量指标做异常值剔除,对于最终纳入样本的所有连续变量做Winsorize的1%和99%缩尾处理。

第二,共线性检验。为消除回归模型中右侧变量之间的多重共线性问题对检验结果的干扰,分别采用相关系数检验和VIF共线性容忍度检验,发现相关系数不大,且VIF均值等于3.95,说明变量间的共线性不明显[①]。

第三,异方差和序列自相关处理。由于本书采用面板数据进行Hausman检验后发现,模型1.2、1.3和1.4形成固定效应模型,模型1.1形成随机效应模型。但进一步检验后发现均存在显著的异方差和序列自相关问题。对于模型1.1,本书采用广义线性模型FGLS对模型1.1的数据进行回归;对于模型1.2、1.3和1.4,采用D&K提出的方法获得异方差—序列相关—截面相关稳健性标准误进行回归,消除异方差和序列自相关问题的干扰。

第四,内生性问题的处理。审计问责力度水平能够影响投资决策和经济发展水平。而从审计问责力度的影响因素角度考虑,在投资效率和经济发展水平低下的情况下,审计机关也会加强问责的力度。同样政府决策行为能够决定经济发展,而经济发展水平低下反过来也会影响政府本年的投资决策。因变量和自变量之间互为因果,存在内生性问题,由此使得单从实证结果来看不能解释审计问责对政府决策行为和经济发展的影响。为克服内生性问题的影响,本书将审计问责力度指标和政府决策有效性指标作为自变量时做滞后一期的处理。

四、实证结果分析

(一)描述性统计和自相关分析

根据上一节对相关变量的定义,本节对模型中涉及的被解释变量、解释变量和控制变量进行描述性统计分析,详见表7-2。

由于在上章指标构建中对审计问责力度进行了标准化处理,其均值为0。Audit作为主要的解释变量,最小值为-1.3965,最大值为4.8597,说明各省市之间的审计问责力度得分存在比较明显的差异性。被解释变量方面,人均国内生产总值的均值为2.7598,最小值为0.3686,最大值为9.8111。政府决策行为结果Einv的均值为0.2816,最小值为0.0542,最大值为0.5292。控制变量方面,市场化指数代表了影响审计独立性的政府干预程度,其均值为6.9745,最小值为3.09,最大值为11.91。政府规模也在逐年递增,各省份差异较大,最小的为1.9021,最大的达到4.6858。教育水平在各个地区的差异也很大,最低为46.79,最高为334.82。地区人口自然对数LnPop均值为8.1518,其中最小值为6.3063,最

[①] 经验表明,只有当方差膨胀因子VIF值大于10时,才考虑模型的多重共线性问题。

大值为9.2535。各个省份的贸易开放度和外商直接投资水平差异也很大，最高者（2.7904、8.6557）是最低者（0.0645、0.0502）的43倍和172倍。财政自由度均值为0.5176，最小值为0.1803，最大值为0.9129。

从表7-3的Pearson相关系数来看，审计问责力度与政府决策有效性和经济发展水平都存在显著的正相关关系。其余指标中除个别指标相关系数较高外，大部分变量指标的相关系数都在0.5以下。为了克服多重共线性的影响，本书做了进一步的方差膨胀因子（VIF）检验，VIF均值为3.95，无须考虑多重共线性问题。

表7-2　各变量描述性统计分析表

变量名称	变量符号	样本量	均值	最小值	最大值
经济发展水平	pGdp	330	2.7598	0.3686	9.8111
政府决策有效性	Einv	330	0.2816	0.0542	0.5292
审计问责力度	Audit	330	1.82e-06	-1.3965	4.8597
审计信息力度	Info	330	1.82e-06	-2.7219	6.843
直接处罚力度	Pun	330	9.08e-07	-1.3484	4.8185
配合处罚力度	CoPun	330	-1.82e-06	-3.0734	6.3368
市场化指数	MI	330	6.9745	3.09	11.91
政府规模	GSize	330	3.5951	1.9021	4.6858
地区教育水平	Edu	330	152.702	46.7984	334.8195
人口规模	LnPop	330	8.1518	6.3063	9.2535
贸易开放度	Tra	330	0.548	0.0645	2.7904
外商直接投资	FDI	330	1.1891	0.0502	8.6557
财政自由度	Sf	330	0.5176	0.1803	0.9129
政府换届	Elect	330	0.2727	0	1

表7-3　相关性分析表

	pGdp	Einv	Audit	Info	Pun	CoPun	MI	GSize	Edu	LnPop	Tra	FDI	Sf	Elect
pGdp	1.000													
Einv	0.44***	1.000												
Audit	0.268***	0.15***	1.000											
Info	0.261***	0.31***	0.88**	1.000										

	pGdp	Einv	Audit	Info	Pun	CoPun	MI	GSize	Edu	LnPop	Tra	FDI	Sf	Elect
Pun	0.168***	0.048	0.25***	0.000	1.000									
CoPun	-0.057	0.017	0.403***	0.000	0.000	1.000								
MI	0.663***	0.195***	0.331***	0.348***	0.298***	-0.124**	1.000							
GSize	-0.000	0.063	0.39***	0.505***	-0.263***	0.029	0.278***	1.000						
Edu	0.728***	0.011	0.221***	0.202***	0.495***	-0.204***	0.543***	-0.009	1.000					
LnPop	-0.069	0.115**	0.458***	0.568***	-0.253***	0.052	0.374***	0.531***	-0.094*	1.000				
Tra	0.748***	0.266***	0.096*	0.04	0.457***	-0.138**	0.392***	-0.033	0.56***	-0.011	1.000			
FDI	0.648***	0.235***	-0.02	-0.101	0.48***	-0.126**	0.288***	-0.253***	0.423***	-0.198***	0.142***	1.000		
Sf	0.651***	0.318***	0.26***	0.185***	0.371***	0.008	0.576***	0.178***	0.534***	0.264***	0.38***	0.285***	1.000	
Elect	-0.008	-0.27**	0.104*	0.086	0.155***	-0.025	-0.145***	-0.022	-0.07	-0.002	-0.012	-0.000	0.031	1.000

注:*、**、***分别表示在10%、5%、1%水平上显著。

(二)回归结果与分析

本书采用面板数据进行处理,利用 Hausman 检验得出模型 1.2、1.3 和 1.4 应采用固定效应模型,模型 1.1 应采用随机效应模型。进一步检验后发现固定效应和随机效应均存在显著的异方差和序列自相关问题。对于随机效应,本书采用广义线性模型对异方差和序列自相关问题进行修正;对于固定效应,采用 D&K 提出的方法获得异方差—序列相关—截面相关稳健性标准误进行回归。为缓解内生性问题,将审计问责力度和政府决策有效性作为解释变量时做滞后一期的处理。回归结果见表7-4。

表7-4 审计问责、政府决策有效性和经济发展的实证检验结果

被解释变量	模型1.1	模型1.2	模型1.3	模型1.4
	Einv	pGdp	pGdp	pGdp
Lag_Audit	0.047***		0.166**	0.167*
	(4.59)		(2.11)	(1.99)
Lag_Einv		0.044**		0.045**
		(2.20)		(2.25)
MI	0.012	-0.05	0.03	0.028
	(1.49)	(-0.03)	(0.19)	(0.18)
GSize	-0.037**	0.067	0.118	0.12
	(-2.51)	(0.64)	(1.05)	(1.07)

续表

	模型1.1	模型1.2	模型1.3	模型1.4
Edu	0.002*** (8.48)	0.024*** (6.52)	0.022*** (6.66)	0.022*** (6.71)
LnPop	0.197*** (8.45)	14.102*** (5.56)	13.868*** (5.87)	13.882*** (5.92)
Tra	-0.232** (-8.12)	0.404 (1.28)	0.24 (0.74)	0.28 (0.81)
FDI	0.022*** (4.31)	-0.083 (-0.95)	-0.065 (-0.86)	-0.068 (-0.91)
Sf	1.07*** (6.46)	0.896 (1.26)	1.542 (1.08)	1.141 (0.83)
Elect	-0.086*** (-2.76)	0.273 (1.26)	0.215 (1.05)	0.231 (1.07)
_cons	-2.003***	-116.74***	-115.17***	-115.08***
N	330	330	330	330
Wald Chi2	247.24	2351.74	1428.95	1886.84
P值	0.000	0.000	0.000	0.000
备注	FGLS	FE	FE	FE

注:*、**、***分别表示在10%,5%以及1%水平上显著。

1.审计问责与政府决策有效性

模型1.1检验了审计问责力度和决策行为结果之间的关系。Lag_Audit的回归系数为正,并且在1%水平上显著,说明审计问责力度越大,投资效果越好。审计问责确实能够提升政府投资效率,体现了对政策制定和执行有效性的独特作用,并验证了假设1.1。控制变量的结果和解释请详见第八章。

2.政府决策行为和经济发展

模型1.2检验了政府决策行为结果和经济增长之间的关系,决策行为结果用代表政府投资效率的投资效果指数表示。由回归结果可知,Lag_Einv回归系数为正,并且在5%水平上显著,表明政府投资效率越高,经济发展水平越高,这与假设1.2一致。政府通过自己的投资可以起导向作用,从而间接调控整个经济的结构和规模。因此,政府投资效率与我国经济增长有着密切的联系。

控制变量方面,市场化指数与经济发展水平的关系不显著。但从理论上讲,中国的市场化进程应促进经济的发展。宋立刚曾指出,中国的改革发展进程中,市场化对经济增长做出了巨大贡献,已经成为加快经济增长速度的驱动力。从2006年开始,我国东部沿海地区市场化指数逐年攀升,尤其是上海、广东等地,其国内生产总值与西部地区的差距逐年拉大。本研究结果与理论的差距可能是因为数据的不准确性造成。GSize的回归系数不显著,说明政府规模与经济增长之间不存在必然的联系。陈健和胡家勇认为,地方政府可以在培育市场、提供公共物品上发挥重要作用,从而成为"帮助之手",但也有可能设租和寻租,从而阻碍当地经济的发展,说明现有研究对于政府规模的作用仍然存在争议。Edu的回归系数显著为正,说明地区教育水平越高,人口素质越高,对经济发展的促进作用越显著。LnPop回归系数显著为正,说明地区人口越多,经济发展越好。人口增长是促进经济增长的一个重要因素,地方政府需要筹备足够的国民收入用于满足庞大人口维持起码生活的消费需要。其他控制变量如Tra、FDI、Sf和Elect与经济发展的关系均不显著。

3.审计问责、经济发展和政府决策行为的媒介效应

模型1.3检验了审计问责力度和经济发展之间的关系。由回归结果可知,Lag_Audit回归系数为正,并且在5%水平上显著,表明审计问责力度越大,经济发展水平越高,审计问责确实能够促进地方经济发展。

模型1.4是建立在前三个模型获得认可的基础之上,控制了政府决策行为之后,检验审计问责对经济发展的作用是否仍然显著或显著性明显下降,以验证政府决策行为是审计问责影响经济增长的媒介。如果控制Einv后,Lag_Audit的回归系数完全不再显著,说明政府决策行为是审计问责作用于经济发展的唯一中介变量;如果Lag_Audit的回归系数仍然显著,但显著性明显减弱,说明政府决策行为是审计问责作用于经济发展的其中一个中介变量,但并不是全部的决定因素;如果Lag_Audit的回归系数的显著性完全没有改变或变化非常微弱,说明审计问责不是通过对政府决策行为产生影响而作用于经济发展,而是通过其他的路径来实现的。由于控制变量与模型1.2相同,因此回归结果和显著性也与模型1.2相似,在此处不做赘述。本节重点关注Lag_Audit系数显著性的变化。

从回归结果看,模型1.4中Lag_Audit的系数仍然为正,在10%水平上显著;而在模型1.3中Lag_Audit的系数在5%水平上显著为正,加入Lag_Einv这一变量之后显著性明显减弱,说明政府决策行为确实是审计问责服务经济发展的一个重要的作用媒介。但是,也可以发现,政府决策行为并不是审计问责服务经济发展的唯一的中介变量,因为控制Lag_Einv之后,系数仍然在10%水平显著,说明可能存在其他的中介变量。无论如何,通过这一结果验证了假设1.4,即审计问责可以通过提高政府的决策有效性来促进经济的发展。

五、稳健性检验

为了检验本书结果的可靠性,本书对样本进行了分割,因为在我国,经济发展具有明显的区域性的特点,因此,将全样本划分为东部、中部和西部三个样本①分别进行检验(东部143个观测值,中部99个观测值,西部88个观测值),实证结果与前面一致。

考虑到政府固定资产投资产生经济效益的滞后性问题,将表示政府投资决策有效性的变量又滞后一期扩展至之后两期,重新进行回归。发现模型1.2至模型1.4的回归结果与滞后一期的结果基本一致。

总体而言,本书的结论是稳健的。

六、小结与讨论

本节以2003年—2013年各省、自治区和直辖市为样本,以人均国内生产总值表示地区经济发展水平,以投资效果系数表示政府决策行为结果,以因子分析获得的审计问责力度得分作为审计问责质量水平,实证检验了审计问责、政府决策有效性和经济发展三者之间的关系。本节研究发现:

第一,审计问责力度越大,经济发展水平越好。表明审计问责能够对经济发展产生一定的促进作用,但是审计问责作用于经济发展,并不能直接作用,因为它既不具备宏观调控的职能,也没有资源配置的权力,因此,审计问责作用经济发展是通过某一或某几个中介变量实现的。

第二,政府决策越有效,经济发展水平越好。本书采用政府投资效率表示政府决策行为的结果,结果表明政府通过自己的投资可以起到导向作用,从而间接调控整个经济的结构和规模。因此,政府投资效率与我国经济发展有着密切的联系。

第三,审计问责力度越大,政府决策有效性越高。进一步验证了审计大师杨时展教授提出的"天下未乱计先乱,天下欲治计乃治"的观点。

第四,审计问责促进经济发展,而政府决策行为是这一进程的中介变量。审计问责能够保障国家宏观调控政策的落实,不仅仅对决策所需信息本身的实时性和可靠性进行审查,而且通过提供信息对宏观调控政策产生影响,从而间接参与经济治理。

本节的研究贡献在于:首先,验证了审计问责在促进经济治理目标实现的重要作用;其次,证明了除治理腐败以外,审计问责可以通过提升政府决策的有效性来服务国家治理;同时也为审计机关指明了审计问责服务经济发展的方向,应关注于政府决策有效性

---

① 东部地区包括北京、天津、河北、辽宁、吉林、黑龙江、上海、江苏、浙江、福建、山东、广东、广西、海南13个省、自治区和直辖市;中部地区包括山西、安徽、江西、河南、湖北和湖南9个省、自治区;西部地区包括四川、贵州、云南、陕西、甘肃、宁夏、青海、新疆9个省、自治区。

的提升。此外,本书的研究结果也进一步提出了新的问题,审计问责是如何促进政府决策的有效制定的? 是审计信息还是审计处罚发挥作用的结果呢?

第二节　审计问责、腐败治理和政府效率

一、引言

从政治学的角度,审计活动带有浓厚的政治色彩,其功能就应自然作用在政治的核心问题即权力制约上。审计机关预防、揭示和查处的违法违规、行政不作为和乱作为、资源浪费等问题,都是因公共权力滥用产生的,即国家审计发挥功能的过程也是不断与公共权力博弈的过程。国家审计作为权力制约和监督体系的重要组成部分,其本质首先是权力制衡的支持系统,又以信息系统的方式发挥着作用,其根本使命是监督国家财政支出,目标是完善国家治理。腐败是指"为了私人利益而滥用公共权利的行为",是公权侵犯私权的典型表现。审计问责通过监控权力的有效运行,能够有效地抑制腐败。Liu and Lin 利用中国省级政府的数据研究发现,国家审计通过监控财政资金的使用,有效抑制了地方政府的腐败。李江涛对于经济责任审计运行效果的实证研究发现,经济责任审计力量越强,经济责任审计执行力度越大,越能够预防领导干部职务犯罪。该结论表明,国家审计已经在公共权力的制约和监督方面发挥了重要的作用。

而政府效率是指政府的行政效率,是表示政治治理效果的一个重要指标。政府腐败行为侵犯公共利益,危害极大,不但会造成政怠宦成、人亡政息,而且会削弱政策执行力,降低政府运行效率。因此审计问责通过遏制腐败,降低腐败发生的概率,间接提升了政府效率,改善政治治理的效果。

然而,在现实中,国家审计长期遭受着"屡审屡犯"的诟病,公众普遍认为腐败治理应该是国家审计的一项重要内容,然而其效果却甚微。那么国家审计在遏制腐败方面究竟效果如何? 本书为这一问题提供进一步的经验证据。

研究发现,腐败行为的发生确实损害了政府效率,然而审计问责抑制腐败行为的作用并不显著,也未能显著提升政府效率水平,这说明审计问责服务国家治理,并不能够通过遏制腐败实现。本书从实证角度贡献了国家审计和政治治理关系的相关文献,尽管提出的假设未能得到数据的支撑,但是为审计机关工作的进一步改进提供了指导意义。此外,本书的实证结果也提出新的问题:为何审计问责的腐败治理效果不佳? 究竟是哪个环节出现了问题? 如何才能改进?

二、理论分析与研究假设

国家治理的完善除了市场与企业、社会与公私机构以及超国家与次国家等不同治理主体彼此之间相互协调与共同发生作用外,地方政府效率水平的高低也起着极其重要且不可替代的作用。地方政府效率是各级地方政府机构(含公、检、法机构)在履行政府职能过程中所涉及的财政投入与政府收益之间的对比关系,它体现了地方政府活动过程及结果的相对程度。没有一个有效的政府,不论是经济的还是社会的可持续发展是不可能实现的。可见,较高的效率是高效政府治理的应有之义,政府效率水平的高低是衡量整个行政管理活动的重要标准。然而,效率不高是我国目前政府治理中存在的一大问题。造成效率不高的原因有很多,但最主要的因素是人的理性经济属性和贪念引发的权力滥用。腐败是利用公共权力牟取私利、侵犯公共利益的行为,危害极大,不但会造成政怠宦成、人亡政息,而且会削弱政策执行力,降低政府运行效率,危害地方政府效率。

腐败削弱政府治理效率,造成中央与地方政府间的信息不对称,政府职能部门权责不清,助长公务人员的有限理性与机会主义行为,削弱了政府内部治理效率;腐败破坏社会公平正义,诱发渎职侵权,酝酿社会生产安全隐患,危害人民生命财产,增加群体事件发生频率,威胁公共安全;腐败挑战社会道德底线和社会风尚,削弱政府外部治理效率。

瑞士洛桑国际管理与发展学院(IMD)研究表明,非腐败程度与非官僚主义程度、政策透明度、政府政策实施效率之间存在高度正相关关系,腐败直接导致政府效率低下。腐败是政府低效率的根源。腐败将资源用于寻租活动从而造成资源的浪费,因为隐藏腐败行为、关于贿赂规模的讨价还价、寻找同谋、预防和监督官员失信等,都需要付出相应成本,这种成本是社会的无谓损失,降低社会总福利水平。

国家审计作为以权力制约理论为基础的一种监督权力的长效机制,经历了从监督账目到监督绩效这一从现象到本质的发展过程,旨在通过控制权力滥用和腐败,推动现代化的国家治理。国家审计将权力关在笼子里,主要是通过问责来实现的。国外研究认为,审计问责通过监控权力的有效运行,能够有效地抑制腐败。Liu and Lin利用中国省级政府的数据研究发现,国家审计通过监控财政资金的使用,有效抑制了地方政府的腐败。Siame也认为审计问责可以通过减少责任缺位来抑制腐败的发生。李江涛对于经济责任审计运行效果的实证研究发现,经济责任审计力量越强,经济责任审计执行力度越大,越能够预防领导干部职务犯罪。该结论表明,国家审计已经在公共权力的制约和监督方面发挥了重要作用。但是由于经验证据的缺乏,审计问责的腐败治理效应有待进一步验证。从审计问责、腐败行为和政府效率三者之间的关系,如图7-2可以看出,只有腐败得到了约束,才能减少行政成本,提升政府的效率。因此,本书提出了下面三个假设:

假设2.1：审计问责能够遏制政府的腐败行为。

假设2.2：政府的腐败行为降低了政府效率。

假设2.3：审计问责能够提升政府效率，并且是通过遏制腐败行为实现的。

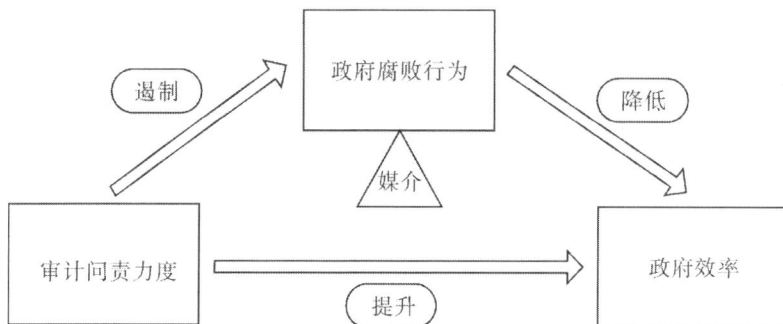

图7-2　审计问责、政府腐败行为和政府效率的关系

三、研究设计和样本选择

(一)模型的设定

基于理论分析和中介效应成立的条件，本书构建了四个模型检验审计问责、政府腐败行为和政府效率三者之间的关系。模型2.1检验审计问责和腐败治理之间的关系，模型2.2检验腐败严重程度和政府效率之间的关系，模型2.3检验审计问责和政府效率的关系，模型2.4检验政府腐败行为能否作为审计问责提升政府效率的媒介，即控制政府的腐败行为之后，观察系数是否仍然显著。

模型2.1：

$Corrupt = \beta_0 + \beta_1 \times Lag\_Audit + \beta_2 \times MI + \beta_3 \times GSize + \beta_4 \times Edu + \beta_5 \times LnPop + \beta_6 \times Tra + \beta_7 \times FDI + \beta_8 \times Sf + \beta_9 \times Elect + \varepsilon$

模型2.2：

$GE = \beta_0 + \beta_1 \times Corrupt + \beta_2 \times MI + \beta_3 \times GSize + \beta_4 \times Edu + \beta_5 \times LnPop + \beta_6 \times Tra + \beta_7 \times FDI + \beta_8 \times Sf + \beta_9 \times Elect + \varepsilon$

模型2.3：

$GE = \beta_0 + \beta_1 \times Lag\_Audit + \beta_2 \times MI + \beta_3 \times GSize + \beta_4 \times Edu + \beta_5 \times LnPop + \beta_6 \times Tra + \beta_7 \times FDI + \beta_8 \times Sf + \beta_9 \times Elect + \varepsilon$

模型2.4：

$GE = \beta_0 + \beta_1 \times Lag\_Audit + \beta_2 \times Corrupt + \beta_3 \times MI + \beta_4 \times GSize + \beta_5 \times Edu + \beta_6 \times LnPop + \beta_7 \times Tra + \beta_8 \times FDI + \beta_9 \times Sf + \varepsilon$

(二)变量选择

1.被解释变量

(1)政府效率

本书采用政府效率表示政治治理的效果。政府效率,即公共管理绩效,指政府从事公共管理过程中以较低的成本、较少的资源实现政府最优产出,达到预定行政目标的水平和能力。政府作为国家行政机关、作为非市场资源即公共资源的配置者,主要从事公共管理、提供公共物品(含公共服务)的活动,不论是作为管理者,抑或是公共物品生产者,政府都要占用社会资源、耗费经济成本,产生社会产品和外部经费。政府活动或行为的结果存在成本与收益之间的对比,形成政府的绩效。公共行政学认为,政府效率是指政府的行政效率,是行政组织及行政人员在处理社会公共事务、实现行政职能和行政目标活动中所得到的最终成果与所消耗的人力、物力、财力、时间、信息、空间的比值关系。瑞士洛桑国际管理发展学院(IMD)指出,政府效率是国家竞争力的重要方面,因此用政府效率指标作为政治治理的效果。

本书采用北京师范大学管理学院与政府管理研究院发布的省级地方政府效率指标表示政治治理的效果,作为模型2.2、2.3和2.4的被解释变量。政府效率指标由政府公共服务、公共物品、政府规模、居民经济福利等四个一级指标组成。四个指标又依据多个二级指标的水平进行综合衡量打分。目前,已发布的地方政府效率的数据年度包括1999年—2007年,2011年—2015年。本书选取了2003年—2007年和2011年—2013年共8年240个数据。

(2)政府腐败严重程度

由于政府官员能够运用权力来分配稀缺资源,因此寻租空间的存在实际上是给了政府官员腐败的机会。当政府官员拥有巨大的决定权和微弱的责任心时,从事腐败就有了激励因素。政府拥有稀有资源的配置权,它能够从希望获利者那里获得额外收益,两者的结合必然导致腐败。

腐败是指"为了私人利益而滥用公共权利的行为"。腐败行为具有隐蔽性,要观测到真实的腐败数据几乎是不可能完成的事情。早期的跨国研究文献通常采用一些国际组织通过问卷调查获取的社会公众对腐败的主观感知指数来度量腐败。但是,由于调查信息固有的缺陷,建立在调查信息基础上的腐败指数的真实性和可信度是值得商榷的①。Goel 和 Nelson 的研究开始采用一些客观指标来度量腐败。通常采用实际发生的腐败犯罪率来度量腐败。吴一平用每百万人口中腐败案件数量来衡量腐败程度,查处的贪污贿赂案件越多说明该地区的腐败程度越大。周黎安和陶婧、陈刚和李树以人民检察院立案侦查的贪污贿赂、渎职等腐败案件数或涉案人数占公职人员数的比例作为腐败程度的指标。本书借鉴前人研究的方法,采用每万人中立案侦查的贪污贿赂、渎职涉案人数来度量地区腐败严重程度,即腐败指数,作为模型 2.1 的被解释变量。Corrupt=(立案侦查的贪污贿赂人数+立案侦查的渎职侵权人数)/地区常住人口总数。

2.解释变量

(1)审计问责力度

审计问责力度(Audit)作为模型 2.1、模型 2.3 和模型 2.4 的观测变量。审计问责力度是通过对审计决定处理处罚金额、审计移送案件数量、审计移送人员数量、出具审计报告和审计调查报告数量、提出审计建议条数、审计信息和审计建议被采纳比率、向社会公告数量这 7 个指标进行主成分分析,获得信息功能和处罚力度线性组合的综合得分(Audit)。根据理论分析,审计问责力度越大,反腐败效果越好,政府效率越高,因此预测审计问责力度与腐败指数之间呈现负相关关系,与政府效率之间呈现正相关关系。

(2)政府腐败严重程度

政府腐败严重程度(Corrupt)作为模型 2.2 的观测变量,同样采用腐败指数来表示。

3.控制变量

控制地区市场化进程(MI)、政府规模(GSize)、教育水平(Edu)、人口(LnPop)、贸易开放程度(Tra)、外商投资(FDI)、财政自由度(Sf)和政府换届(Elect)对政府效率的影响。具体变量定义见表 7-5。

---

① 举例来说,如果被调查者自身参与了腐败活动,他们在接受相关调查时可能就不会做出真实的信息反馈;如果被调查者没有参与腐败活动,他们反映的信息可能就不够准确。而且,这些腐败指数公布后还会影响社会公众对腐败的主观感知,进而恶化下次调查信息的真实性,因此,基于主观调查得到的腐败指数的真实性可能还会随着时间的推移而恶化。

表7-5　变量定义(审计问责、腐败治理和政府效率)

	变量名称	变量符号	变量定义	模型2.1	模型2.2	模型2.3	模型2.4
被解释变量	政府效率	GE	政府效率指标		√	√	√
	政府腐败严重程度	Corrupt	(立案侦查的地区贪污贿赂人数+渎职侵权人数)/地区常住人口总数(万人)	√			
解释变量	审计问责力度	Audit	因子分析审计问责力度Audit的综合得分	√	√	√	√
	政府腐败严重程度	Corrupt	(立案侦查的贪污贿赂人数+渎职侵权人数)/地区常住人口总数(万人)		√		√
控制变量	市场化指数	MI	首先按照韦倩等的方法估计2010年—2013年的市场化指数,然后与樊纲等报告的2003年—2009年的数据进行合并,构成市场化指数MI				
	政府规模	GSize	GSize=地方政府工作人员数量的自然对数。政府工作人员是《中国统计年鉴》中按行业细分的"公共管理与社会组织"的就业人员数量,包括中国共产党机关、国家机构、人民政协和民主党派、群众社团、社会团体和宗教组织的机关工作人员;事业单位人员是国有性质的事业单位就业人数				
控制变量	人口规模	LnPop	地区常住人口取自然对数				
	教育水平	Edu	每万人高等学校学生数				
	贸易开放度	Tra	进出口总额/实际GDP。对于进出口总额,首先按照人民币对美元汇率折算,然后再以2003年为基期的价格指数(CPI)进行相应调整				
	外商直接投资	FDI	首先按照各年度人民币对美元的汇率进行折算,然后再经过以2003年为基期的价格指数(cn)的调整,除以地方人口数,作为人均实际利用的外商直接投资				
	财政自给率	Sf	预算内财政收入/预算内财政支出				
	政府换届	Elect	2003年、2007年和2013年为1,其他为0				

(三)样本和数据选择

本书以2003年—2007年以及2011年—2013年间我国部分地区的审计问责质量、政府腐败行为和政府效率为研究对象。政府效率数据来自北京师范大学管理学院与政府管理研究院发布的省级地方政府效率研究报告,由于目前公布的政府效率指标只有2003年—2007年以及2011年—2013年,因此,经过整理之后,获得30个省份8年的240个面板样本数据。本书主要采用Excel和Stata12.0 SE软件进行数据处理。

(四)研究模型效度的处理说明

为确保研究模型的效度,本书在开始实证模型的运算之前,对研究样本进行如下的效度处理:

第一,异常值处理。对表示政府腐败行为和政府效水平的变量及其他控制变量指标做异常值剔除,对于最终纳入样本的所有连续变量做 Winsorize 的 1% 和 99% 缩尾处理。

第二,共线性检验。为消除回归模型中右侧变量之间的多重共线性问题对检验结果的干扰,分别采用相关系数经验和 VIF 共线性容忍度检验,发现相关系数不大,且 VIF 均值等于 3.73,变量间的共线性问题不明显。

第三,异方差和序列自相关处理。由于本书采用面板数据进行 Hausman 检验后发现,模型 2.1~模型 2.4 形成固定效应模型,但进一步检验后发现存在显著的异方差问题,因此采用 D&K 提出的方法获得异方差—序列相关—截面相关稳健性标准误,消除固定效应中异方差和序列自相关问题的干扰。

第四,内生性问题的处理。为克服内生性问题的影响,本书将审计问责力度指标做滞后一期的处理。

四、实证结果分析

(一)描述性统计和自相关分析

根据上一节对相关变量的定义,本节对模型中涉及的被解释变量、解释变量和控制变量进行描述性统计分析,详见表 7-6。

从描述性统计分析表中可以看出,审计问责力度和其他控制变量的均值、最小值和最大值与上一节表 7-2 的结果差异不大,有差异的原因为样本量不同。被解释变量方面,政府效率的均值为 0.0245,最小值为 -0.54,最大值为 0.76。各地区政府效率并没有随时间而逐年升高,甚至有些地区逐年下降,如甘肃等地。北京、上海、江苏等经济发达地区政府效率显著高于经济落后地区。腐败指数均值为 0.3208,最小值为 0,说明有的地区年度没有发生重大腐败渎职案件,有的地区贪腐人数很多,腐败指数达到 0.8047。

表 7-6　各变量描述性统计分析表

变量名称	变量符号	样本量	均值	最小值	最大值
政府效率	GE	240	0.0245	-0.54	0.76
腐败指数	Corrupt	240	0.3208	0	0.8047
审计问责力度	Audit	240	0.029	-1.3965	4.8597
信息力度	Info	240	-0.036	-2.722	6.843
直接处罚力度	Pun	240	0.038	-1.348	4.812
配合处罚力度	CoPun	240	0.121	-3.073	6.337
市场化指数	MI	240	6.8758	3.09	11.96

变量名称	变量符号	样本量	均值	最小值	最大值
政府规模	GSize	240	3.5786	1.9021	4.6865
地区教育水平	Edu	240	147.6367	46.0809	344.9891
人口规模	LnPop	240	8.1483	6.2971	9.2596
贸易开放度	Tra	240	0.5435	0.0645	2.8789
外商直接投资	FDI	240	1.15	0.0483	8.7534
财政自由度	Sf	240	0.5236	0.1823	0.9129
政府换届	Elect	240	0.375	0	1

从表7-7的Pearson相关系数来看,审计问责力度与政府效率正相关,和腐败指数负相关,初步说明审计问责能够促进政府效率提升,遏制腐败行为的发生,但是其显著性有待进一步的验证。Edu、Tra、FDI和Sf与政府效率GE的关系都显著。所有指标中除个别指标相关系数较高外,大部分变量指标的相关系数都在0.5以下。为了克服多重共线性的影响,本书做了进一步的方差膨胀因子(VIF)检验,结果VIF最大值为6.69,平均值等于3.73,小于10,表明变量间的共线性问题不明显。

表7-7　相关性分析

	GE	Corrupt	Audit	Info	Pun	CoPun	MI	GSize	Edu	LnPop	Tra	FDI	Sf	Elect
GE	1.000													
Corrupt	-0.169***	1.000												
Audit	0.036	-0.106	1.000											
Info	0.084	-0.117	0.88***	1.000										
Pun	0.033	-0.03	0.296***	0.059	1.000									
CoPun	-0.009	-0.014	0.415***	0.013	-0.017	1.000								
MI	0.582***	-0.134**	0.405***	0.416***	0.378***	-0.116*	1.000							
GSize	-0.03	0.009	0.534***	0.43***	-0.239***	0.077	-0.257***	1.000						
Edu	0.534***	0.069	0.179***	0.267***	0.512***	-0.207***	0.547***	-0.011	1.000					
LnPop	-0.037	-0.14**	0.6***	0.507***	-0.237***	0.098	0.372***	0.168***	-0.104	1.000				
Tra	0.685***	-0.251***	0.02	0.077	0.499**	-0.155**	0.318***	-0.047	0.367***	-0.018	1.000			
FDI	0.245***	-0.239***	-0.125*	-0.046	0.503***	-0.153*	0.278***	-0.228***	0.415***	-0.179***	0.283***	1.000		
Sf	0.391***	-0.289***	0.194***	0.197***	0.387***	-0.005	0.27***	0.168***	0.537***	0.274***	0.297***	0.285***	1.000	
Elect	-0.006	-0.035	0.048	0.117*	0.151*	-0.102	-0.032	-0.077	-0.029	0.0001	-0.01	0.018	0.017	1.000

注:*、**、***分别表示在10%、5%、1%水平上显著。

(二)回归结果与分析

本书依然采用面板数据进行处理,利用Hausman检验得出模型2.1至模型2.4应采用固定效应模型,然而进一步检验后发现固定效应模型存在异方差问题。因此,采用D&K提出的方法获得异方差—序列相关—截面相关稳健性标准误,消除固定效应中异方差和序列自相关问题的干扰。为缓解内生性问题,将审计问责力度做滞后一期的处理。回归结果见表7-8。

表7-8　审计问责、政府腐败治理和政府效率的实证检验结果

被解释变量	模型2.1 Corrupt	模型2.2 GE	模型2.3 GE	模型2.4 GE
Lag_Audit	-0.001 (-0.19)		0.017 (1.54)	0.014 (1.19)
Corrupt		-0.187*** (-2.62)		-0.196*** (-2.80)
MI	0.001 (0.14)	0.017* (2.02)	0.019* (1.97)	0.018* (1.94)
GSize	0.001 (0.21)	-0.038*** (-2.91)	-0.032*** (-2.83)	-0.032*** (-2.82)
Edu	0.001*** (6.33)	0.001*** (5.48)	0.000*** (3.06)	0.001*** (3.11)
LnPop	0.539*** (4.47)	-0.573*** (-4.68)	-0.628*** (-5.45)	-0.584*** (-4.52)
Tra	-0.057* (-1.75)	0.138*** (4.23)	0.129*** (4.26)	0.125*** (4.29)
FDI	-0.006 (-1.19)	0.004 (1.11)	0.007** (2.23)	0.006 (2.10)
Sf	0.373*** (4.22)	-0.175** (-2.22)	-0.154 (-1.54)	-0.123 (-1.38)
Elect	-0.007 (-0.51)	-0.004 (-0.66)	-0.008 (-1.05)	-0.009 (-1.10)
_cons	-4.421*** 	4.562*** 	5.32*** 	4.956***
N	240	240	240	240
Chi2	404.68	255.65	327.14	417.95
P值	0.000	0.000	0.000	0.000
备注	FE	FE	FE	FE

注:*、**、***分别表示在10%,5%以及1%水平上显著。

1.审计问责与政府腐败治理

模型2.1检验了审计问责力度和政府腐败发生之间的关系。由回归结果可知,Lag_Audit回归系数为负,t值为–0.19,不显著,未能证明假设2.1。说明审计问责在治理政府腐败的进程中发挥的作用并不明显。从理论角度,国家审计是一种以权力制约理论为基础的一种监督权力的长效机制,旨在通过控制权力滥用和腐败,李江涛等利用经济责任审计的数据验证了国家审计对腐败的遏制功效。结果出现差异的原因可能是:经济责任审计是专门针对领导干部在职期间经济责任的履行情况,责任落实到人,而本书只是针对审计问责的处理决定进行研究,其对象即包含人,又包含事和制度,且不需要个人承担责任,因此,问责的效果较差。也说明国家审计对于腐败治理应更有针对性,将责任落实到个人,进一步发挥政府治理的功能。

2.审计问责、腐败治理和政府效率

本章节用模型2.2、模型2.3和模型2.4考察审计问责、腐败行为和政府效率三者之间的关系。模型2.2检验腐败行为和政府效率之间的关系,政府腐败指数的回归系数显著为负,验证了假设2.2,即腐败削弱政府治理效率,是政治治理的一大阻碍。模型2.3和模型2.4联合检验审计问责、政府效率和腐败行为的中介效应。从结果来看,审计问责虽然与政府效率关系为正,但是并不显著,中介效应的条件不能得到满足。假设2.3不成立,即审计问责与政府腐败行为和政府效率之间的关系都不显著。

控制变量方面,市场化指数的回归系数显著为正,说明市场化程度越高,政府效率越高。虽然政府作为配置资源的一种手段是基于市场手段失效而存在的,但是一个成熟规范的市场环境有利于政府合理配置资源和改善公共产品和服务,从而提高了政府效率。政府规模的回归系数显著为负,政府机构繁杂和冗余使得政府工作人员之间相互推诿,推脱责任,职能相互交叉使政府效率低下。地区教育水平的回归系数显著为正,即地区教育水平越高,来自人民的监督力量越大,政府的效率也越高。人口规模的回归系数显著为负,即人口数量多的地区政府效率更低。贸易开放度、外商投资水平与政府效率之间显著正相关,贸易越开放,外商投资水平越高,政府效率越高。财政自给率和政府换届的回归系数都不显著。

五、稳健性检验

我国政府财政支出占GDP的比重随着时间递增,公共支出的膨胀不仅意味着政府受托责任更大,而且意味着政府运营可能存在效率低下甚至浪费的隐患。行政管理支出占地方财政支出的比重越大,政府损失浪费程度也越大,治理成本越高,治理效率相应会较低。本书采用地方政府财政支出中用于行政管理费用的比重表示腐败严重程度,进行稳健性检验,发现结果是稳健的。

此外,审计问责对腐败的治理效果有可能存在滞后的现象,即在审计问责之后两年、三年甚至更长的时间之后才能体现出来。因此,本书对审计问责力度指标分别进行了滞后两期和滞后三期的处理,结果仍然不显著。

六、小结与讨论

鉴于数据的可得性,本节以2003年—2007年,2011年—2013年间30个省、自治区和直辖市为样本,利用北京师范大学管理学院与政府管理研究院发布的政府效率指标表示政治治理的效果,以腐败指数表示政府腐败严重程度,以因子分析获得的审计问责综合得分作为审计问责质量水平,实证检验了审计问责、政府腐败行为和政府效率三者之间的关系。本节研究发现:

第一,腐败削弱了政府治理的效率。由于缺乏有效的制度及制度执行力,在市场及文化的消极影响下便会产生腐败;腐败是利用公共权力牟取私利、侵犯公共利益的行为。它既是一个全球性问题,又是一个国家治理难题,被称为现代人类社会的政治"顽症"。自从有人类社会以来,就出现了不同形式、不同程度的腐败。腐败危害极大,不但造成政怠宦成、人亡政息,而且削弱政策执行力,降低政府运行效率,是政府效率的天敌。因此,坚持不懈地反腐是提升政府效率的关键。

第二,审计问责对于遏制政府腐败行为和提升政府效率的功能不显著。本书获得的实证结果与目前公众所看到的屡审屡犯的现象是一致的,审计问责对于腐败的治理效果不佳。然而,审计问责治理腐败,具有很强的重要性和必要性。莫茨和夏拉夫曾说过:"审计是随着时代的变化而变化的,有迹象表明,它现在和将来还准备随时适应时代的变化。"说明国家审计的任务和边界应该随着经济社会的发展而变化,重点解决不同的历史阶段中最迫切的问题。我国正面临一个特殊的历史时期,从20世纪90年代起,伴随着计划经济向市场经济的转型,财政在配置资源的过程中出现了权力寻租现象,腐败逐渐蔓延开来,至今形成了塌方式腐败,已经严重到"多重交织"的状态,其严重程度接近执政党和社会所能承受的上限。如果不加以控制,必将产生严重的后果,引发国家的生存危机。国家审计作为与时俱进、直面国家治理问题的问责工具,有必要与打击腐败更为有机地结合起来。

然而,审计问责遏制腐败的效果不佳,并不能完全否定国家审计问责的治理功能。因为审计问责可以通过其他途径来促进国家治理目标的实现,如提升政府资源配置的效率和促进政府的信息公开等。

尽管本节的实证结果不理想,但进一步贡献了有关国家审计和腐败治理之间关系的文献,指出了现有审计机关工作的缺陷:对腐败治理的程度不足和效果欠佳,为审计机关工作的改进提供一个方向。本书的实证结果也提出新的问题:为何审计问责的腐败治理效果不佳? 究竟是哪个环节出现了问题? 如何才能改进?

第三节　审计问责、政府信息公开和公众参与

一、引言

现有研究大多从经济学和政治学角度研究国家审计和国家治理之间的关系,从社会治理角度研究国家审计功能的文献较少。刘萨娜认为社会治理模式下的国家审计应具备监督、民主、效率和评价职能,审计监督体制不完善影响了社会治理功能的发挥。谭竞翔认为国家审计以其超然独立的地位,不囿于既得利益的牵绊,也不受相关部门的干涉,在审计查出各类问题的基础上,开展从现象到本质、由个别到一般、从局部到全局、从苗头到趋势、从微观到宏观的深层次分析,最适合于在风险社会治理中提出制度层面的改进意见,并且以监督者或者督导者的身份,促进风险社会治理,推动社会全面协调发展。崔雯雯和张立民从国家善治的角度,认为在多元治理主体合作共治的趋势和背景下,国家审计应着眼于促进政府和公众的合作,实现"共治"的局面和目标。

可见,有关国家审计和社会治理的理论文献较少,实证文献更是几乎空白。如何从实证角度刻画国家审计在社会治理中发挥的作用,是本章实证研究需要解决的问题,也是现有研究需要厘清的一个问题。本书用公众参与指标表示社会治理的效果,实证检验了审计问责实现社会治理目标的作用机理。

研究发现,审计问责确实能够推动和服务社会治理,促进国家善治的实现。国家审计是社会公众和政府之间沟通交流的桥梁,促进公众参与到国家事务的管理当中。审计问责促进公众参与,政府信息公开行为是这一进程的中介变量。首先,审计问责推动政府信息公开,信息的完备促进了公众和政府之间的良性互动;其次,通过对政府信息权威性和专业性的鉴证,弥补了公众参与治理过程中权威上的缺陷、权限上的缺陷、全局掌控能力的缺陷、相关领域专业技术的缺陷等。

本书的研究贡献在于:首先,扩展了有关国家审计和社会治理之间相互关系的研究。加入政府信息公开这一中介变量,从实证角度揭示了审计问责服务社会治理的机制和路径,本书发现政府信息公开是审计问责作用于公众参与的媒介,且是唯一的媒介。此外,本书假设的成立为进一步研究审计信息和审计处罚改进政府信息公开行为的作用效果研究提供了前提和基础。

二、理论和研究假设

(一)审计问责和公众参与

公众参与是社会治理的重要内容,而审计问责是国家审计助推公众有序参与国家治理的主要方式。审计直接问责或间接问责并向社会公开结果,帮助公众实现参与治理的目标。针对被审计单位发生的违法违规问题,审计机关在其法定职权范围内可以直接问责。如果超出法定职权范围,审计机关可以移送有关主管机关间接问责。问责的结果如何,既关系到违法违规问题是否得到纠正和解决,也关系到人民群众的合法权益是否得到有效维护,因为公共部门的违法违规问题常常就是损害社会公众利益的行为。因此,公众十分关注问责的结果。审计机关将审计直接问责和间接问责的结果向社会公开,不仅有利于公众了解被审计单位整改落实审计决定情况和追究相关责任人责任情况,而且有利于公众了解自身利益维护情况和社会公平正义情况。公众了解这些情况,有助于帮助他们实现参与治理的目标。因为公众参与国家治理的主要目的,是为了维护自身的合法权益,促进社会公平正义。

审计机关自身的性质决定了它能够助推公众参与的实现。我国宪法明确规定了"一切权力属于人民",国家权力来源于公民的授予,公众参与国家治理的实质,是社会契约和我国宪法原则的一种具体实践,而国家审计是因受托责任而产生的,这就决定了国家审计必须为公众参与的实现提供必要的保障。审计问责促进了公众和政府之间的良性互动,也是有效化解和防范社会风险及隐患、加强社会风险管理的一项重要举措。

从功能层面,国家审计可以促进公众参与治理,最主要的是利用自身的权威性和专业技术能力弥补公众参与治理过程中权威上的缺陷、权限上的缺陷、全局掌控能力的缺陷、相关领域专业技术的缺陷等。

从合作层面,国家审计因其良好的声誉,能够在公众与公权部门之间搭建良好的互信桥梁。从审计署近年舆情调查情况可以看出,社会对于审计署的工作一直持正面评价,公众信任度较高。因此,审计机关做出的审计结论,提出的审计建议,甚至表达的观点较容易被公众接受,"双赢"的局面更容易达成。

(二)政府信息公开和公众参与

政府的公共受托责任要求政府应及时、完整、准确地提供活动的信息(包括财务和非财务),并保证公众能够方便地获取这些信息,促进公众参与的建立。政府对公众提供透明的信息,说明自己履行资源管理责任和权力运行的情况,本身就是政府行为的一项重要内容,也必然是审计问责的一个方向。通过披露的信息,社会公众可以对政府预算、目标、计划与实际情况进行对比,从而评价和监督政府的履责情况和权力行使情况,行使委托人的选举和建议权利。政府所作所为及时准确地公开,一旦未能尽职就会被外部公众知晓,引发公众的不满和不信任,引起一定的社会矛盾。此时,政府官员因忌惮自己不好的行为被曝光在广大人民群众面前,在做出决策和日常行政管理时就不得不小心翼翼,其行为要从社会公众的利益出发。

实现公众参与的过程,伴随着从不透明政府向透明政府的转变。政府透明的核心思想就是政府掌握的个人与公共信息向社会公开,它的执行将意味着政府特权的丧失,政府很难继续保持神秘感或者说神圣感。也就是说利益分配公开化之后,政府活动不再是隐秘的暗箱操作,甚至政府机关还有义务在规定的时间和地点将立法、执法、提供资讯、社会服务等诸多方面的信息公布于众,供全体公民使用,而不必询问公民需要这些信息有何用途,只要公民有这方面的需求,政府机关就有义务提供,而公民也有权利获取、使用。一个民主和负责的政府最重要的表现形式就是政府的各项制度及信息应该对人民公开,保持透明。布兰代斯曾说:"透明度是社会和经济问题的最佳药品。正像人们常说的那样,阳光是最佳的防腐剂。"

(三)审计问责和政府信息公开

审计问责的首要程序是要把事实搞清楚,然后再去进行监督、鉴证、评价和惩处。各级政府按照《政府信息公开条例》的要求将涉及公民切身利益、需要社会公众广泛知晓或参与的政府信息主动公开以满足公众的知情权,是其法定职责。然而,政府及其部门也是"经济人",也会为了掩饰业绩或为了实现个人利益而向社会提供虚假的政务信息。如果信息披露不及时和不全面,公众和政府之间存在严重的信息不对称,公众对事情的理解可能会出现偏差。特别是对于一些比较敏感、看法不同、争议较大、公众高度关注的项目,错误导向可能会引起公众的误读,从而引起一定的社会矛盾,因此需要一个独立的有专业胜任能力的第三方来对这些信息进行鉴证。国家审计问责过程中的"信息认证"正好可以充当这一角色,即对政府及其部门提供的有关财政收支及相关经济活动方面的信息进行认证,把"事实真相"搞清楚并告诉社会公众,从而为社会公众运用公开的政府信息提供某种程度的质量保证。问责和惯性是地方政府危机信息公开与否的主要激励来源。

从制度设计上来看,国家审计对推动政府信息公开具有天然的优势和能力。一是审计机关在组织、人员、工作和经费上独立于其他公共部门,可以使审计机关保持形式上和实质上的独立性,从而可以保证审计认证信息的客观性;二是审计范围的广泛性和审计内容的全面性,使得审计机关可以对公众关注的公共部门和具体事项进行监督,从而可以保证审计认证信息的相关性;三是审计监督组织实施和方法手段具有专业性,可以保证审计过程的规范严谨,进而可以保证审计认证信息的可靠性。2001年,IMF推出了《财政透明度手册修订版》,其中特别强调了财政信息应受到独立的检查,国家审计机构应向立法当局和公众及时提供政府账户财务真实性的报告。审计问责过程中的结果公告,扩大了公众的知情权,为公众参与国家公共领域治理活动提供正确的指引信息、客观的评价标准。2011年7月审计署公布的较为详细的"三公经费",以及8月审计署主动公开的绩效报告,均引起了社会公众的广泛好评,赢得了公众信任和赞誉。

(四)研究假设

综合上述理论分析,审计问责能够减少信息不完备者的理性行为所导致的社会负效应,增进社会利益,增强公众对政府的信任,从而促进合作共治的实现。政府信息公开是影响公众参与进程的重要因素,对政府而言,对自身信息公开的程度、范围具有一定的可控性;对公众而言,政府及时和准确地公开信息,避免公众被网络破坏性、误导性的信息所误导。信息公开能够一定程度上协调公众和政府的关系,使公众良好的诉求得到重视,及时排解风险,有利于社会稳定和信任的建立。可以说,政府信息公开构成了审计问责促进公众参与的一个桥梁和纽带,如图7.3所示。因此,根据上述理论分析,本书提出了如下三个假设:

假设3.1:审计问责力度越大,政府信息公开程度越好。

假设3.2:政府信息公开程度越好,公众参与水平越高。

假设3.3:审计问责能够促进公众参与的实现,政府信息公开是这一进程的中介变量。

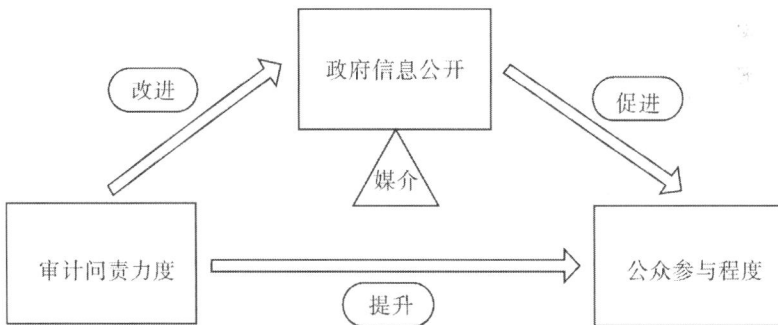

图7-3 审计问责、政府信息公开和公众参与的关系

三、研究设计和样本选择

(一)模型的设定

基于理论分析和中介效应成立的四个条件,本书构建了四个模型检验审计问责、政府信息公开和公众参与三者之间的关系。模型3.1检验审计问责和政府信息公开的关系,模型3.2检验政府信息公开和公众参与的关系,模型3.3检验审计问责和公众参与的关系,模型3.4是建立在前三个模型和假设成立的基础之上,控制了政府信息公开这一变量之后,检验审计问责对公众参与的促进作用是否仍然显著,以验证政府信息公开是审计问责影响公众参与的媒介。

模型3.1:

$$Disclosure = \alpha_0 + \alpha_1 \times Lag\_Audit + \alpha_2 \times MI + \alpha_3 \times GSize + \alpha_4 \times Edu + \alpha_5 \times LnPop + \alpha_6 \times Tra + \alpha_7 \times FDI + \alpha_8 \times Sf + \alpha_9 \times Elect + \varepsilon$$

模型3.2:

$$PARTIC = \gamma_0 + \gamma_1 \times Disclosure + \gamma_2 \times MI + \gamma_3 \times GSize + \gamma_4 \times Edu + \gamma_5 \times LnPop + \gamma_6 \times Tra + \gamma_7 \times FDI + \gamma_8 \times Sf + \gamma_9 \times Elect + \varepsilon$$

模型3.3:

$$PARTIC = \gamma_0 + \gamma_1 \times Lag\_Audit + \gamma_2 \times MI + \gamma_3 \times GSize + \gamma_4 \times Edu + \gamma_5 \times LnPop + \gamma_6 \times Tra + \gamma_7 \times FDI + \gamma_8 \times Sf + \gamma_9 \times Elect + \varepsilon$$

模型3.4:

$$PARTIC = \alpha_0 + \alpha_1 \times Lag\_Audit + \alpha_2 \times Disclosure + \alpha_3 \times MI + \alpha_4 \times GSize + \alpha_5 \times Edu + \alpha_6 \times LnPop + \alpha_7 \times Tra + \alpha_8 \times FDI + \alpha_9 \times Sf + \alpha_{10} \times Elect + \varepsilon$$

(二)变量选择

1.被解释变量

(1)公众参与程度

公众参与,就是社会公众通过各种渠道和方式参与到政府专设的公共机构对国家公共事务的控制、管理和服务活动中,以提高政府公共机构的管理和服务水平,健康有序的公众参与能够促进国家善治的实现。电子政务的建设,为公众参与政府决策提供了很多便捷的渠道,在互联网普及的地方,政府网站已逐步成为政府与公众之间重要的交流渠道。通过政府网站,政府能够加强与公众沟通和民意征集,让人民群众更大范围地参政议政。因此,本书采用中国软件测评中心对中国省级政府网站绩效评估中"公众参与"或"互动交流"这一项的打分来度量各省、自治区和直辖市的公众参与程度[①],评分越高,说

---

① 关于公众参与程度的度量,北京天则经济研究所通过调查问卷形式构建了"天则公共治理指数",这一指数对我国省会城市的公共治理现状做出定量评估,期望各地区在公共治理方面走向多元化、多主体参与、透明、公正以及和谐。天则公共治理指数虽然与公众参与密切相关,但是其数据的调查对象是基于省会城市,且目前只有4年的数据,对我们的实证研究有一定的局限性。

明公众参与治理和与政府沟通的情况越好。对于公众参与程度这一指标,本书采用PAR-TIC表示,作为模型3.2、3.3和3.4的被解释变量。

（2）政府信息公开

信息公开是政府应该首先考虑的诸多事务之一,但政府信息公开是一个很大、很复杂的任务。政府应当主动公开信息,通过政府公报、政府网站、新闻发布会以及报刊、广播、电视等便于公众知晓的方式公开。信息公开越来越以计算机和互联网为载体,因此,网上信息公开程度可以在很大程度上反映政府信息公开情况。本书采用中国软件测评中心对中国省级政府网站绩效评估中"信息公开"这一项的打分来度量各省、自治区和直辖市的信息公开水平,评分越高,说明政府信息公开的水平越高[①]。对于政府信息公开这一指标,本书采用Disclosure表示,作为模型3.1的被解释变量。

2.解释变量

（1）审计问责力度

审计问责力度(Audit)作为模型3.1、模型3.3和模型3.4的观测变量。审计问责力度是通过对单位审计决定处理处罚金额、审计移送案件数量、审计移送人员数量、出具审计报告和审计调查报告数量、提出审计建议条数、审计信息和审计建议被采纳比率、向社会公告数量这7个指标进行主成分分析,获得信息功能和处罚力度线性组合的综合得分(Audit)。根据理论分析,审计问责力度越大,政府信息公开水平越高,公众参与程度越好,因此预测审计问责力度与政府信息公开和公众参与程度之间均呈现正相关关系。

（2）政府信息公开

政府信息公开行为(Disclosure)作为模型3.2的观测变量,同样采用中国软件测评中心对各地区信息公开的打分表示。

3.控制变量

控制地区市场化指数(MI)、政府规模(GSize)、教育水平(Edu)、人口(LnPop)、贸易开放程度(Tra)、外商直接投资(FDI)、财政自给率(Sf)和政府换届(Elect)对政府效率的影响。具体变量定义见表7-9。

---

① Cuillier and Piotrowski指出,由于政府信息公开工作日益表现为电子政务,采用网站信息公开程度这一指标衡量政府透明是合理的。

表7-9　变量定义（审计问责、政府信息公开和公众参与）

	变量名称	变量符号	变量定义	模型3.1	模型3.2	模型3.3	模型3.4
被解释变量	公众参与程度	PARTIC	中国软件测评中心对中国省级政府网站绩效评估中"公众参与"或"互动交流"这一项的打分		√	√	√
	政府信息公开	Disclosure	中国软件测评中心对中国省级政府网站绩效评估中"信息公开"这一项的打分	√			
解释变量	审计问责力度	Audit	因子分析审计问责力度Audit的综合得分	√		√	√
	政府信息公开	Disclosure	中国软件测评中心对中国省级政府网站绩效评估中"信息公开"这一项的打分			√	√
控制变量	市场化指数	MI	首先按照韦倩等的方法估计2010年—2013年的市场化指数,然后与樊纲等报告的2003年—2009年的数据进行合并,构成市场化指数MI				
	政府规模	GSize	GSize=地方政府工作人员数量的自然对数 政府工作人员是《中国统计年鉴》中按行业细分的"公共管理与社会组织"的就业人员数量,包括中国共产党机关、国家机构、人民政协和民主党派、群众社团、社会团体和宗教组织的机关工作人员;事业单位人员是国有性质的事业单位就业人数				
	人口规模	LnPop	地区常住人口取自然对数				
	教育水平	Edu	每万人高等学校学生数				
	贸易开放度	Tra	进出口总额/实际GDP 对于进出口总额,首先按照人民币对美元汇率折算,然后再以2003年为基期的价格指数(CPI)进行相应调整				
	外商直接投资	FDI	首先按照各年度人民币对美元的汇率进行折算,然后再经过以2003年为基期的价格指数(cn)的调整,除以地方人口数,作为人均实际利用的外商直接投资				
	财政自给率	Sf	预算内财政收入/预算内财政支出				
	政府换届	Elect	2003年、2007年和2013年为1,其他为0				

(三)样本和数据选择

本书以2005年—2013年间我国部分地区的审计问责情况、政府信息公开和公众参与为研究对象。政府信息公开和公众参与数据来自中国软件测评中心对中国省级政府网站绩效的评估。经过整理之后获得30个省份9年的270个面板数据。本书主要采用Excel和Stata12.0 SE软件进行数据处理。

(四)研究模型效度的处理说明

为确保研究模型的效度,本书在开始实证模型的运算之前,对研究样本进行如下的效度处理:

第一,异常值处理。对表示政府信息公开和公众参与的变量及其他控制变量指标做异常值剔除,对最终纳入样本的所有连续变量做Winsorize的1%和99%缩尾处理。

第二,共线性检验。为消除回归模型中右侧变量之间的多重共线性问题对检验结果的干扰,分别采用相关系数经验和VIF共线性容忍度检验,发现相关系数不大,且VIF值等于3.72,远小于10,表明变量间的共线性不明显。

第三,异方差和序列自相关处理。由于本书采用面板数据进行Hausman检验后发现,模型3.2、模型3.3和模型3.4形成固定效应模型,模型3.1形成随机效应模型,但进一步检验后发现均存在显著的异方差和序列自相关问题。对于模型3.1,本书采用广义线性模型FGLS对数据进行回归;对于模型3.2、3.3和3.4,采用D&K提出的方法获得异方差—序列相关—截面相关稳健性标准误进行回归,消除异方差和序列自相关问题的干扰。

第四,内生性问题的处理。为克服内生性问题的影响,本书将审计问责力度指标做滞后一期的处理。

四、实证结果分析

(一)描述性统计和自相关分析

根据上一节对相关变量的定义,本节对模型中涉及的被解释变量、解释变量和控制变量进行描述性统计分析,详见表7-10。

被解释变量方面,公众参与的均值为0.4906,最小值为0,最大值为0.9。政府信息公开得分均值为0.5573,最小值为0,说明有的地区年度信息公开情况很差,有的地区信息公开情况很好,达到0.9。

表7-10　各变量描述性统计分析表

变量名称	变量符号	样本量	均值	最小值	最大值
公众参与程度	PARTIC	270	0.4906	0	0.9
政府信息公开	Disclosure	270	0.5573	0	0.9
审计问责力度	Audit	270	0.0854	-1.3415	4.8597
审计信息力度	Info	270	0.2312	-2.6543	6.843
直接处罚力度	Pun	270	0.0812	-1.3484	4.8185
配合处罚力度	CoPun	270	-0.1315	-3.0734	6.3368
市场化指数	MI	270	7.1423	3.1	11.96
政府规模	GSize	270	3.6263	1.9459	4.6865
地区教育水平	Edu	270	163.3654	60.0271	344.9881

续表

变量名称	变量符号	样本量	均值	最小值	最大值
人口规模	LnPop	270	8.1593	6.3135	9.2596
贸易开放度	Tra	270	0.5893	0.065	2.8789
外商直接投资	FDI	270	1.2504	0.0509	8.7533
财政自由度	Sf	270	0.5207	0.1608	0.9264
政府换届	Elect	270	0.2222	0	1

从表7-11的Pearson相关系数来看,审计问责力度与政府信息公开和公众参与指数都呈现显著的正相关关系,初步说明审计问责能够促进政府信息公开和公众参与。MI、GSize、Edu、Urb、Tra、FDI和Sf与公众参与的关系都显著。所有指标中除个别指标相关系数较高外,大部分变量指标的相关系数都在0.5以下。为了克服多重共线性的影响,本书做了进一步的方差膨胀因子(VIF)检验,结果VIF最大值为6.80,平均值等于3.72,表明变量间的共线性不明显。

表7-11　相关性分析

	PARTIC	Disclosure	Audit	Info	Pun	CoPun	MI	GSize	Edu	LnPop	Tra	FDI	Sf	Elect
PARTIC	1.000													
Disclosure	0.715***	1.000												
Audit	0.156**	0.182***	1.000											
Info	0.209***	0.214***	0.873***	1.000										
Pun	0.19***	0.212***	0.253***	-0.042	1.000									
CoPun	-0.2***	-0.162***	0.411***	0.001	0.064	1.000								
MI	0.456***	0.487***	0.383***	0.378***	0.329***	-0.098	1.000							
GSize	0.127**	0.162***	0.382***	0.509***	-0.277***	0.014	0.269***	1.000						
Edu	0.422***	0.454***	0.185***	0.122***	0.481***	-0.129***	0.517***	-0.028	1.000					
LnPop	0.096	0.186***	0.484***	0.613***	-0.251***	0.02	0.402***	0.322***	-0.081	1.000				
Tra	0.421***	0.469***	0.068	0.000	0.435***	-0.12**	0.385***	-0.043	0.522***	-0.004	1.000			
FDI	0.351***	0.429***	-0.044	-0.142**	0.464***	-0.106*	0.196***	-0.266***	0.306***	-0.197***	0.405***	1.000		
Sf	0.354***	0.453***	0.254***	0.169***	0.375***	0.014	0.366***	0.158***	0.555***	0.26***	0.464***	0.299***	1.000	
Elect	0.01	-0.125**	0.211**	0.217***	0.237***	-0.109*	0.0169	0.004	0.051	0.005	0.039	0.027	0.05	1.000

注:*、**、***分别表示在10%、5%、1%水平上显著。

(二)回归结果与分析

本书采用面板数据进行处理,Hausman检验后,发现对模型3.2、模型3.3和模型3.4适宜采用固定效应模型,对模型3.1适宜采用随机效应模型。由于模型3.1和模型3.3存在异方差和序列自相关问题,对模型3.3采用D&K提出的方法获得异方差—序列相关—截面相关稳健性标准误,对模型3.1采用广义线性模型,消除固定效应和随机效应中异方差和序列自相关问题的干扰。为缓解内生性问题,将审计问责力度作为解释变量时做滞后一期的处理。回归结果见表7-12。

表7-12 审计问责、政府信息公开和公众参与的实证检验结果

	模型3.1	模型3.2	模型3.3	模型3.4
被解释变量	Disclosure	PARTIC	PARTIC	PARTIC
Lag_Audit	0.022* (1.69)		0.03** (2.55)	0.016 (1.62)
Disclosure		0.491*** (8.14)		0.5*** (8.89)
MI	-0.005 (-0.35)	0.057** (4.45)	0.041** (2.32)	0.061*** (4.71)
GSize	0.03 (1.40)	0.049*** (7.21)	0.044*** (5.18)	0.035*** (4.94)
Edu	0.001*** (4.35)	0.001** (2.07)	0.003*** (12.20)	0.001*** (3.43)
LnPop	0.054 (1.42)	-0.193 (-1.23)	0.102 (0.98)	-0.178 (-1.33)
Tra	0.088** (2.01)	0.015 (0.36)	0.081 (1.59)	0.041 (0.97)
FDI	0.019* (1.76)	0.015 (1.33)	0.026** (3.93)	0.013 (1.51)
Sf	-0.236 (-1.56)	-1.072*** (-2.84)	-1.02*** (-3.38)	-1.054*** (-2.92)
Elect	-0.078*** (-4.34)	0.045* (1.84)	0.01 (0.37)	0.056* (2.04)
_cons	-0.127	1.589	-0.778	1.388
N	270	270	270	270
Wald Chi2	92.88	588.42	7802.92	757.13
P值	0.000	0.000	0.000	0.000
备注	FGLS	FE	FE	FE

注:*、**、***分别表示在10%,5%以及1%水平上显著。

1.审计问责和政府信息公开

模型3.1检验了审计问责和政府信息公开之间的关系。Lag_Audit的回归系数为正,并且在10%水平上显著,说明审计问责力度越大,政府信息公开水平越高。审计问责确实能够促进政府的信息公开行为,验证了假设3.1。

2.审计问责、政府信息公开和公众参与

模型3.2检验了政府信息公开和公众参与之间的关系,结果显著,政府信息公开的回归系数显著为正,验证了假设3.2,政府信息公开水平越高,公众参与程度越好。

模型3.3检验了审计问责和公众参与之间的关系,Lag_Audit的回归系数在5%水平上显著为正,即审计问责促进了公众参与的实现。模型3.4是在假设3.1、3.2、审计问责能够促进公众参与成立的条件下,检验政府信息公开行为的中介效应。控制政府信息公开变量后,Lag_Audit的回归系数仍然为正,但是不再显著。验证了假设3.3,审计问责促进公众参与治理是通过促进政府的信息公开这一媒介来实现的。通过促进政府信息公开,审计问责促进了公众和政府之间的良性互动,也通过对政府信息权威性和专业性的鉴证,弥补了公众参与治理过程中权威上的缺陷、权限上的缺陷、全局掌控能力的缺陷、相关领域专业技术的缺陷等。

控制变量方面,模型3.2、模型3.3和模型3.4的结果相似。市场化指数的回归系数总体上显著为正,说明市场化进程不仅仅提升了企业的话语权,而且促进社会公众参与到国家治理中。政府规模的回归系数显著为正,即政府规模越大,政府实力越强,公众参与的机会越多。地区教育水平的回归系数显著为正,同样说明学历较高的公众参与国家治理的能力较强,对信息的解读能力和沟通能力也较强,所以教育水平较高的辖区居民倾向更多地参与到政府事务当中。就公民个体而言,公民意识与能力的强弱是影响公民参与广度、强度、深度的重要因素。公众参与要成为公民个体自主自觉的一种活动,而不是外部力量逼迫而被动、消极地参与,最终依靠公众参与意识、意愿和能力。外商直接投资的回归系数显著为正,外商直接投资在一定程度上反映了各地方政府的竞争程度,地方政府的竞争能够促进公众参与进程。财政自给率回归系数显著为负,即财政资金越充足的地区,公众参与程度越低,说明地方政府在拥有充足的财政资金时,并没有将其投入到有关公众参与的相关建设当中。在政府换届年份,正值两会,公众参与的热情普遍提升,因此Elect的回归系数显著为正。其他控制变量如人口规模和贸易开放度的回归系数不显著,与公众参与的关系不明显。

五、稳健性检验

将表示审计问责力度、政府信息公开水平的变量进行滞后两期的处理,发现结果没有太大变化,说明本书的结果是稳健的。

六、小结与讨论

本节以2005年—2013年间我国部分地区为研究样本,利用公众参与指数作为社会治理效果的指标,以政府信息公开得分表示政府信息公开行为结果,以因子分析获得的审计问责综合得分作为审计问责的力度水平,实证检验了审计问责、政府腐败行为和政府效率三者之间的关系。本节研究发现:

第一,审计问责力度越大,公众参与程度越高,社会治理的效果越好。表明审计问责能够推动和服务社会治理,促进国家善治的实现。国家审计是社会公众和政府之间沟通交流的桥梁,促进公众参与到国家事务的管理当中。

第二,政府透明度越高,公众参与程度越高,社会治理的效果越好。表明实现公众参与的过程,伴随着政府信息公开水平不断提升。

第三,审计问责力度越大,政府信息公开水平越好。国家审计问责过程中的"信息认证"正好可以充当这一角色,即对政府及其部门提供的有关财政收支及相关经济活动方面的信息进行认证,把"事实真相"搞清楚并告诉社会公众,从而为社会公众运用公开的政府信息提供数量和质量上的保证。

第四,审计问责促进公众参与,政府信息公开行为是这一进程的中介变量。首先,审计问责推动政府信息公开,信息的完备促进了公众和政府之间的良性互动;其次,通过对政府信息权威性和专业性的鉴证,弥补了公众参与治理过程中权威上的缺陷、权限上的缺陷、全局掌控能力的缺陷、相关领域专业技术的缺陷等。

本节的研究贡献在于:首先,扩展了有关国家审计和社会治理之间相互关系的研究。加入政府信息公开这一中介变量,从实证角度揭示了审计问责和社会治理之间的关系。其次,为审计问责为何能够服务国家治理提供了新的解释。尽管审计问责对于遏制腐败的效果不显著,但是能否对政府信息公开进行鉴证,保障信息的完整性和真实性,从社会服务的角度促进了国家治理目标的实现。最后,本节的结果也提出了新的问题,审计问责促进政府信息公开,是如何具体实现的?信息和处罚功能哪一个发挥了更为显著的作用?

第八章

进一步检验：审计信息和处罚对政府行为的作用效果

第一节　引言

政府行为是政府履行责任的途径。政府行为是政府职能运行过程的具体外化,政府职能必须通过适当的政府行为表现出来。因此,如何规范和引导政府行为的改进,提升国家治理效率,是一个亟待解决的问题。审计问责在改进政府行为的过程中具有不可替代的重要作用,无论是监督政府履行受托责任,还是加强信息公开,都需要建立在有效的独立问责的基础之上。审计问责在改进政府行为中发挥越来越重要的作用,对审计问责的运行要素——信息和处罚的效果进行检验就具有非常重要的意义。

然而,目前关于审计问责机制的研究,大部分是从构成展开的,仅仅从审计主体、客体、范围、依据和法律等要素提出改进建议并不足以发现国家审计在实际工作中存在的具体问题。本章回答的问题是"审计问责改进政府行为的作用是依靠哪些功能属性实现的",理论上分析,审计通过信息和处理处罚两大属性来发挥问责功能。然而,这两种功能发挥作用的大小是否一致? 哪种作用更加显著? 审计问责的腐败治理效果不佳,又是哪个环节出现了问题? 只有搞清审计问责在哪一程序或哪个功能出现问题,才能从根本上提升审计问责的功效,祛除屡审屡犯的诟病。

上一章的实证结果发现,审计问责能够改进政府的决策行为,提升政府信息公开水平,但是对于遏制腐败的效果不显著。本章将审计问责的效果分成了两组:对于审计问责能够有效改进政府行为的一组,分析审计信息和处罚在其中各自发挥着怎样的作用,哪种功能的效果更显著;对于审计问责未能有效改进政府行为的一组,挖掘其效果不佳的原因,究竟是哪一个环节出现了问题。研究发现,对于政府的决策行为,审计配合处罚的作用不显著,而无论审计信息还是直接处罚都发挥着十分重要的作用,但信息的作用更大;对于政府的腐败行为,无论是审计信息功能、直接处罚,其效果都不显著,审计机关需要从这几个角度进一步改进其效果;对于政府信息公开,审计信息发挥着主要的促进作用,审计处罚的功能效果不明显。审计配合处罚功能改进三种政府行为的功效均不显著,这说明仅仅增加移交案件和人员的数量,并不能有效提升国家治理效果,而是应更多关注与其他部门形成合力,完善协作配合机制,增强处罚后果的及时性和威慑力度。

本章的研究贡献体现在:第一,丰富了关于审计问责机制和政府行为影响因素等研究的文献;第二,从实证角度直观展示审计问责如何实现问责及效果,使得审计问责改进政府行为不再是一个"黑箱";第三,挖掘审计问责效果不佳的原因,为根治屡审屡犯提供改进建议。

第二节　理论分析和研究假设

审计问责在改进政府决策有效性和信息公开的作用,在上一章中已经得到了验证。审计问责是一种维护公共利益的政治工具,使政府决策符合公共利益和社会目标;作为一种制度安排,它可以有效地矫正"政府失灵"行为。审计问责既可以实现政府行为的规范化,又能强化政府的必要职责,在效率、合法以及透明等方面改进政府行为,是通过信息和处理处罚两大属性来实现的。

建立一个对人民负责的政府,是现代国家治理的核心问题。而建立负责任政府的首要条件是公民能够获得关于政府行动和决定的信息,特别是负面信息。如果没有这些信息,政府就是看不见的政府,就不可能让它变得对人民负责。信息对于政府履行责任(行为)至关重要。

作为一种信息质量保障机制,审计问责能够明确代理人责任目标,获取和评价代理人责任目标履行情况,并能够从共性问题中发现背后隐含的制度、政策缺陷,这些都最终体现为审计信息报告。信息对于政府履责(行为)至关重要,而审计信息可以从四个角度改进政府的行为:1.有助于提高政府决策的科学性,没有高质量信息,决策者就无法知道制度是否有效地实现其目标以及该目标是否正确;2.增强政府信息公开的动力和质量。审计信息对政府履责情况进行评价、公开,并对政府提供的关于自身的活动报告进行二次加工,保障了信息公开的真实可靠性;3.增强官员的责任心。由于审计信息对政府所作所为真实、及时地公开和报告,政府一旦未能尽职就会被外部公众所知晓,因此,政府官员在决策、行政管理活动中不得不小心翼翼,其行为一切要从社会公众的利益出发;4.审计信息可以减少腐败,腐败的产生往往是地方政府官员利用与公众、上级政府的信息不对称,滥用权力从而损害公共利益。尽管上一章中审计问责对于腐败的抑制作用不明显,但是并不能证明审计信息的作用也不显著,因为审计问责由信息、直接处罚和配合处罚三个指标按比例构成,信息功能的发挥可能被其他功能所抵消或遮盖起来。审计机关的信息功能越好,越能抑制政府官员的损人利己,促进为己利他的行为。因此,本书提出了假设4.1,即审计的信息功能越强,政府行为改进的效果越好。

审计机关的审计质量,不仅体现在查实违法违纪问题的情况,更重要的是审计对查出的问题能否有效处理,查出问题多,处理问题少,自然不会产生良性循环。只有查实问题后,及时有效地解决处理问题,才能真正提高审计机关的审计问责质量,体现出审计监督的公信力和影响力。问责的最终落脚点是针对违法违规的政府行为进行相应的处罚。处罚能够产生威慑,有效的威慑,通过心理因素的作用来影响、制约和改变人们的思想、感情与行为,可以达到"不战而屈人之兵"的作用。处罚之所以产生威慑是因为其严厉性,人们害怕痛苦和损失利益,害怕被惩罚或再次惩罚。就审计处罚而言,同样有威慑作用。它是一种司法威慑,通过对被审计单位违规行为的处罚,使相关单位因目击他人之苦而从中获得警诫。审计问责具有一定的处罚权力,如责令纠正、处以罚金等直接处罚形式和移交司法、纪检和其他有关部门等配合处罚形式,因此可以通过威慑使其他被审计单位和个人决定不违规或违法。从审计处罚和监督的效果来看,如果没有处罚或者处罚很轻,具有理性经济人属性的政府会在权衡利弊得失之后,选择舞弊或违规,相反,如果处罚非常严厉,违规成本加大,威慑力度自然得到提升。威慑功能一般与刑罚的严厉程度是成正比的。因此,本书提出了假设4.2,即审计处罚力度越大,政府行为改进的效果越好。

虽然审计问责通过信息和处罚两大功能来规范和引导政府的行为,然而这两种功能对政府行为的改进作用效果并不是等同的。对未尽职责主体的惩罚是问责实现的一大要素,但是,在我国,对政府机关真正拥有处理处罚权力的主要是纪检、监察、司法等权力机关,国家审计拥有非常有限的处理处罚权力。在我国现有的体制安排和法律框架下,我国国家审计只是在特定事项上取得处理、处罚的授权,处罚的力度也仅仅从罚金、纠正金额予以体现,严厉性不足。对于严重违法或涉及刑事犯罪的行为,需要提交上级行政部门和其他有关部门处理,在这种情况下,审计问责的效果更多地依赖于与具有处理处罚权力的纪检、监察、司法等部门紧密配合的工作机制,而这一机制的建立是审计处罚和监督本身所不能决定的,审计只是移交了相关的问题和线索,对于其他部门如何处罚、处罚力度大小无权干涉,审计问责的效果也就可能大打折扣。

相反,从信息功能的角度,《审计法》和《审计法实施条例》规定的审计机关各项权力之中,要求报送资料权、检察权、调查取证权、通报或公布审计结果权都直接与信息权力相关。这种权力贯穿于对政府履责情况进行监督和评价的整个过程当中。审计信息功能对政府行为的影响要大于审计处罚,体现在两个方面:第一,审计信息的作用范围更广泛。审计处罚主要是对人行为的监督,遏制其损人利己之心的膨胀,而审计信息披露不仅仅使政府官员忌惮声誉受损规范自身行为,而且能够从信息有用性的角度增强政府官员决策的能力,是审计处罚所不能的。第二,从影响效果看,以改进建议为形式的审计信息能够发现问题背后的体制、制度缺陷,防止再次出现类似问题,审计处罚永远是一种事后行为。而相比于楼房垮塌之后立即追究责任,防患于未然永远更加重要,影响也更加深远。

对于国家审计来说,学术界认可国家审计的问责功能,却对是通过"查责"还是"处罚纠错"实现问责很少关注。Hu 和 Gong 认为,审计师是检测财务报告欺诈的专家,在调查和发现腐败问题时发挥了作用,审计问责是通过"查责"实现的。马志娟认为审计是政府问责制进行"问责"之前必不可少的一环,经济责任审计与问责制之间是"查责"和"问责"的关系。事实上,查责、审计向其他问责部门移交线索都体现了它作为问责的信息质量保障。审计在问责过程中大部分是在发挥其信息的功能,因此,本书提出了假设 4.3,即审计的信息功能比处罚功能对政府行为的影响作用更为显著。

第三节 研究设计和样本选择

一、模型的设定

为了验证审计信息和审计处罚对于政府行为的作用效果,本书构建了模型 4.1、模型 4.2、模型 4.3 和模型 4.4。模型 4.1 是以审计的信息功能指标来反映审计问责作用政府行为的面板回归模型。模型 4.2 是以审计的直接处罚功能来反映审计问责作用政府行为的面板回归模型。模型 4.3 是以审计的配合处罚功能来反映审计问责作用政府行为的面板回归模型。模型 4.4 将审计的信息功能和处罚功能放置在一个模型中,比较三者的系数大小和显著性。GB 表示政府行为结果,包括政府决策有效性、政府腐败严重程度和政府信息公开水平。

模型 4.1:

$$GB = \omega_0 + \omega_1 \times Info + \omega_2 \times MI + \omega_3 \times GSize + \omega_4 \times Edu + \omega_5 \times LnPop + \omega_6 \times Tra + \omega_7 \times FDI + \omega_8 \times Sf + \omega_9 \times Elect + \varepsilon$$

模型 4.2:

$$GB = \omega_0 + \omega_1 \times Pun + \omega_2 \times MI + \omega_3 \times GSize + \omega_4 \times Edu + \omega_5 \times LnPop + \omega_6 \times Tra + \omega_7 \times FDI + \omega_8 \times Sf + \omega_9 \times Elect + \varepsilon$$

模型 4.3:

$$GB = \omega_0 + \omega_1 \times CoPun + \omega_2 \times MI + \omega_3 \times GSize + \omega_4 \times Edu + \omega_5 \times LnPop + \omega_6 \times Tra + \omega_7 \times FDI + \omega_8 \times Sf + \omega_9 \times Elect + \varepsilon$$

模型 4.4:

$$GB = \omega_0 + \omega_1 \times Info + \omega_2 \times Pun + \omega_3 \times CoPun + \omega_4 \times MI + \omega_5 \times GSize + \omega_6 \times Edu + \omega_7 \times LnPop + \omega_8 \times Tra + \omega_9 \times FDI + \omega_{10} \times Sf_{it} + \omega_{11} \times Elect + \varepsilon$$

二、变量选择

(一)被解释变量:政府行为

政府行为很难度量,因为政府每天都在进行各种各样的活动。现有研究针对政府影响较大,特征显著的某种特定行为如创新行为、竞争行为、博弈行为等进行了专门的研究。

本书从对国家治理影响较大和政府公共受托责任的内容角度出发,将政府行为划分为三种类型:政府公共资源配置行为、公用权力使用行为和信息公开行为,并分别以决策有效性、腐败严重程度和信息公开水平作为典型的行为结果,在第七章中实证检验了审计问责通过作用于这三类政府行为实现国家治理目标的效果。结果发现,审计问责能够显著改进政府的投资效率,提高政府的信息公开水平,然而遏制腐败的作用不显著。本章仍然将这三种行为结果作为被解释变量和研究对象,探究审计信息和审计处罚在改进政府决策和信息公开过程中的作用效果,以及审计问责遏制腐败作用不显著的原因,即哪个环节更加薄弱。将投资效果系数 Einv 作为政府决策行为结果的代理变量;腐败指数 Corrupt 作为政府腐败严重程度的代理变量;信息公开得分 Disclosure 作为政府信息公开水平的代理变量,研究审计信息功能、直接处罚和配合处罚功能的作用效果。

(二)解释变量

1.审计信息功能(Info)

审计的信息功能和处罚功能都是基于对7个指标的因子分析获得,具体见第六章①。根据理论分析,审计的信息功能能够为当年的投资决策提供数据和评价支持,抑制道德风险产生的腐败动机,促进政府的信息公开。因此,预期审计信息与投资效果系数之间存在正向关系,而与表示政府诚信的信息公开指数必然存在显著的正相关关系,与腐败指数之间存在负相关关系。

2.审计直接处罚(Pun)和配合处罚(CoPun)功能

鉴于处罚行为的实施者和案件的严重程度不同,审计所发挥的作用也不同。本书对直接处罚功能和配合处罚功能的政府行为改进效果分别进行检验,其具体定义和指标构

---

① 信息功能体现为审计提供信息的数量、质量和公开的水平。提供的信息报告和改进建议数量越多、被采纳的建议数量越多(质量越好)、审计结果公开的程度越高,说明审计信息的力度越大,信息功能越强。

建过程见第六章①。审计处罚和监督具有一定的威慑作用,先有处罚然后才能对政府人员产生警示作用,因此处罚功能具有一定的滞后性。预期审计处罚力度与下一年的投资决策效果之间存在正相关关系,与政府信息公开行为之间存在普遍的正相关关系。

为了体现审计问责的滞后功能同时为消除内生性影响,对信息、处罚功能均做滞后一期处理。

(三)控制变量

控制地区市场化进程(MI)、政府规模(GSize)、教育水平(Edu)、人口规模(LnPop)、贸易开放度(Tra)、外商直接投资(FDI)、财政自由度(Sf)和政府换届(Elect)对政府效率的影响。具体变量定义见表8-1。

表8-1 变量定义(信息、处罚和政府行为)

	变量名称	变量符号	变量定义	模型4.1	模型4.2	模型4.3	模型4.4
被解释变量	政府行为	GB	政府决策有效性 Einv	√	√	√	√
			政府腐败严重程度 Corrupt				
			政府信息公开水平 Disclosure				
解释变量	信息审计功能	Info	因子分析审计信息力度得分	√			√
	审计直接处罚功能	Pun	因子分析审计直接处罚力度得分		√		√
	审计配合处罚功能	CoPun	因子分析审计配合处罚力度得分			√	√
控制变量	市场化进程	MI	将樊纲等报告的2003年—2009年各省份的市场化指数与按照回归估计的2010年—2013年份的市场化指数相组合构成了在实证分析中采用的市场化指数MI				
	政府规模	GSize	GSize=地方政府工作人员数目自然对数 政府工作人员是《中国统计年鉴》中按行业细分的"公共管理与社会组织"的就业人员数量,包括中国共产党机关、国家机构、人民政协和民主党派、群众社团、社会团体和宗教组织的机关工作人员;事业单位人员是国有性质的事业单位就业人数				
	人口规模	LnPop	地区常住人口取对数				
	教育水平	Edu	每万人高等学校学生数				

---

① 直接和配合处罚力度表示处罚功能的强弱。处罚力度的大小指处罚的严厉程度和容忍程度,一般来说,审计责令纠正和处以罚金金额越多,处罚越严厉;移交案件数量和人员越多,审计对违法违规行为的容忍度越小,处罚力度越大。

变量名称	变量符号	变量定义	模型4.1	模型4.2	模型4.3	模型4.4
贸易开放度	Tra	进出口总额/实际GDP 对于进出口总额,首先根据各年度中国人民银行公布的人民币对美元的平均中间价进行折算,转换为人民币以后,然后再以价格指数(CPI)进行相应调整				
外商直接投资	FDI	首先根据各年度中国人民银行公布的人民币对美元的平均中间价进行折算,转换为人民币以后,然后再经过以2003年为基期的价格指数(cn)的调整,除以地方人口数,作为人均实际利用的外商直接投资				
财政自给率	Sf	预算内财政收入/预算内财政支出				
政府换届	Elect	2003年、2007年和2013年为1,其他为0				

三、样本选择

本书检验审计信息和审计处罚功能对政府决策、腐败和信息公开行为的作用效果。对政府决策行为的影响数据,来自2003年—2013年的《中国审计年鉴》和《中国统计年鉴》,共11年330个观察值。对于政府腐败行为的度量,沿用2003年—2007和2011年—2013年手动收集的有关贪污、渎职人数的数据,共8年240个数据。对于政府信息公开行为度量,来自中国软件测评中心对中国省级政府网站绩效评估,由于中国软件测评中心对政府网站的绩效评估是从2005年开始的,因此对于信息公开得分的数据时间范围为2005年—2013年,共270个观察值。

第四节 实证结果分析

一、描述性统计和自相关分析

变量描述性统计和自相关情况参见表7-2、表7-3、表7-6、表7-7、表7-10、表7-11。

二、回归结果与分析

(一)审计问责对政府决策有效性的影响

本部分单独检验审计信息和审计处罚对政府决策行为改进的影响。由于审计信息和处理处罚发挥作用具有一定的时滞性,同时为消除内生性的影响,采用滞后一期的审计问责分项指标进行回归检验,检验结果如表8-2所示。

表8-2 审计问责与政府决策有效性的实证检验结果

被解释变量 Einv	模型 4.1	模型 4.2	模型 4.3	模型 4.4
Lag_Info	0.033*** (6.45)			0.038*** (4.74)
Lag_Pun		0.014*** (3.37)		0.017*** (2.52)
Lag_CoPun			0.002 (0.48)	0.006 (1.44)
MI	-0.008 (-0.91)	-0.009 (-1.09)	-0.011 (-1.38)	0.012 (1.28)
GSize	-0.05*** (-2.66)	-0.049*** (-3.84)	-0.039*** (-2.67)	-0.052* (-1.90)
Edu	0.002*** (8.74)	0.002*** (10.74)	0.002*** (7.59)	0.002*** (6.44)
LnPop	0.217*** (7.19)	0.171*** (9.58)	0.142*** (6.57)	0.21*** (5.47)
Tra	-0.219*** (-5.49)	-0.235*** (-7.04)	-0.214*** (-5.21)	-0.219*** (-6.96)
FDI	0.004 (0.16)	0.01 (0.63)	0.005 (0.17)	0.007* (1.72)
Sf	1.077*** (7.16)	1.192*** (9.26)	1.28*** (9.52)	1.012*** (8.08)
Elect	-0.132*** (-6.26)	-0.134*** (-4.12)	-0.147*** (-6.73)	-0.102*** (-3.22)
_cons	-2.175***	-1.785***	-1.614***	-2.193***
N	330	330	330	330
Wald Chi²	188.76	305.56	198.84	144.67
P 值	0.000	0.000	0.000	0.000
备注	FGLS	FGLS	FGLS	FGLS

注:*、**、***分别表示在10%,5%以及1%水平上显著。

模型4.1检验了审计信息对政府投资决策行为结果的影响。Lag_Info的回归系数为正,并且在1%水平上显著,说明审计信息对于政策的有效制定和执行效果有着非常重要的促进作用。模型4.2和模型4.3分别检验审计直接处罚和配合处罚功能对政府投资决策行为结果的影响。Lag_Pun的回归系数也在1%水平显著,说明审计的直接处罚能够产生威慑和警示的作用,防止政府经济人为一己私利配置资源,从而提升了投资决策效率。

Lag_CoPun的回归系数虽然为正,但是不显著,说明审计将案件和人员移交至其他问责部门产生的监督效果并不明显,并不能促进政府做出正确的决策。模型4.4将审计的信息功能和处罚功能放置在一个模型中,比较二者发挥作用的强弱。从显著性看,Lag_Info和Lag_Pun的回归系数都在1%水平上显著;从回归系数的大小看,Lag_Info的回归系数为0.038,Lag_Pun的回归系数为0.017,即信息功能的相关系数要大于处罚功能,说明提升一个单位的信息功能对政府决策有效性的促进作用大于提升一个单位处罚金额时的作用。这也解释了为什么我国国家审计拥有显著的信息权力和信息能力的原因,高质量信息确实在政府决策执行和有效执行、国家宏观调控的过程中发挥着积极且更显著的作用。Lag_CoPun的作用仍然不显著。

控制变量方面,四个模型的结果是相似的。市场化指数的回归系数不显著。事实上,审计独立性提高和市场化程度的发展有助于政府更好地做出决策。市场决定资源配置能够最大限度地提高资源配置效率,市场化程度能够降低交易费用,使资源更多地流向社会需要的地方。从资源配置的角度,市场化进程对政府的投资决策有一定的改进作用,从制度环境的角度促进政府做出符合市场需求和规律的投资决策。本书回归结果不显著的原因可能与所计算的市场化指数不准确有关。政府规模GSize的回归系数显著为负,政府规模的扩大可能增加冗员,加剧官员的官僚作风,而官僚主义是腐败滋生的土壤,越是官僚主义,各个机构之间的关系越是错综复杂,政府职能受各方牵制,使得决策效率更为低下。地区教育水平的回归系数显著为正,说明人口文化程度越高,地区的投资效率越高。人口规模的回归系数显著为正,说明人口越多的地区,投资效率越高,越有可能将有限的资源发挥尽可能大的功效。Tra的回归系数显著为负,说明贸易开放程度高未必使政府做出投资决策时更有效率,甚至使政府投资效率降低。外商直接投资水平能够促进政府投资效率的提升。Sf为财政自给率,与政府投资决策有效性呈显著的正相关关系。地方政府的财政收入越充足,更有利于开展各项活动,投资效果越好。政府政策体现的是处于政府权力中心的政治主张和经济判断,Jones和Olken基于跨国样本的研究表明,国家领导人的变更能够显著影响经济体的政策选择尤其是货币政策的取向,从而实现经济高速增长。然而在本书结果中,Elect的回归系数显著为负,与预期相反。本书猜测可能的原因是在政府换届的年份,政府将精力更多地关注选举和两会事宜,对于投资决策的有效性考虑欠佳。

综合上述结果表明:审计问责提升政府决策有效性是依靠信息功能和直接处罚功能实现的,审计的配合处罚功能对于决策有效性的作用不显著。尽管信息和直接处罚功能都在发挥着主要的作用,但审计信息对于决策有效性的促进作用显著大于直接处罚功能。公共资源的获取、占有、分配和使用方面的决策,需要以信息为基础,受到信息数量、信息质量和信息公开的影响,直接关乎国家治理能力。国家审计提供的专业和客观公正的信息,构成了相关决策科学性和民主性的基础,是社会群体利益协调机制的基础。

(二)审计问责对政府腐败行为的影响

尽管上一章发现审计问责对政府腐败行为的遏制作用不显著,本节仍然以Corrupt为研究对象,探究审计问责对遏制腐败功能不显著的原因,审计问责的三种功能都不显著吗?如果都不显著的话,是审计问责的哪个环节出现了问题?抑或是既存在显著的积极作用又存在显著的消极作用而产生了相互抵消?

回归结果见表8-3。由于审计信息和处理处罚发挥作用具有一定的时滞性,同时为消除内生性的影响,采用滞后一期的审计问责分项指标进行回归检验。模型4.1、模型4.2和模型4.3分别检验审计信息、直接处罚和配合处罚功能对于腐败行为的影响,结果显示,这三种功能的影响都不显著。尤其是审计的配合处罚功能,回归系数有正向的趋势,说明审计移交案件和人员的数量只是随着渎职腐败案件的增加而增加,却并没有通过威慑和警示路径产生显著的抑制作用。这也充分说明,仅仅增加移交案件的数量和人员,并不能显著提升审计问责的治理效果,而同时也应该考虑从移交案件之后各部门是否形成问责合力,进一步参与、督促问责结果的后续处理,从而完善国家审计问责机制,增强其治理效果。审计信息的回归系数t值为−1.50,较大。相信如果能够进一步转变审计信息的内容和方式,将责任落实到个人,必定能够更好地服务于腐败治理。模型4.4中各项指标回归系数仍然不显著。

表8-3　审计问责与政府腐败治理的实证检验结果

被解释变量 Corrupt	模型 4.1	模型 4.2	模型 4.3	模型 4.4
Lag_Info	-0.006 (-1.50)			-0.007 (-1.45)
Lag_Pun		-0.003 (-0.48)		-0.007 (-1.14)
Lag_CoPun			0.008 (1.33)	0.01 (1.49)
MI	0.003 (0.37)	0.001 (0.10)	0.003 (0.32)	0.005 (0.54)
GSize	0.002 (0.38)	0.001 (0.18)	0.002 (0.30)	-0.004 (-0.96)

被解释变量Corrupt	模型4.1	模型4.2	模型4.3	模型4.4
Edu	0.001*** (8.16)	0.001*** (8.25)	0.001*** (12.51)	0.002*** (11.66)
LnPop	0.541*** (4.77)	0.548*** (4.32)	0.54*** (4.53)	0.57*** (4.73)
Tra	-0.05 (-1.40)	-0.057 (-1.63)	-0.058 (-1.59)	-0.047 (-1.20)
FDI	-0.007 (-1.20)	-0.006 (-1.29)	-0.006 (-1.26)	0.008 (-1.48)
Sf	0.336*** (3.45)	0.379*** (3.87)	0.371*** (3.57)	0.329*** (3.14)
Elect	-0.003 (-0.29)	-0.006 (-0.48)	-0.005 (-0.41)	0.003 (0.28)
_cons	-4.439*** 	-4.501***	-4.449***	-4.711***
N	240	240	240	240
Wald Chi²	598.71	621.59	1485.24	418.47
P值	0.000	0.000	0.000	0.000
备注	FE	FE	FE	FE

注:*、**、***分别表示在10%,5%以及1%水平上显著。

控制变量方面,市场化指数与政府腐败指数关系不显著。经济学家吴敬琏曾说过,权力过度干预是腐败之源。Ades 和 Di Tella、Laffont 和 Guessan 考察了市场竞争对腐败的影响,认为在一些特定条件下,市场竞争会减少腐败。而民主程度的提高、财政分权、媒体自由度的增加、经济发展和人力资本的提升等会带来更低的腐败水平。然而本书发现我国的市场化程度对腐败的影响并不显著,说明我国的市场化改革有待进一步的推进和完善。关系不显著的还有政府规模这一变量,从理论上,政府规模的扩大可能导致冗员,加剧官员的官僚作风,而官僚主义是腐败滋生的土壤。周黎安和陶婧发现政府规模的扩大会增加腐败案件的发生率,而也有学者发现政府规模的扩大能够有效降低腐败。地区教育水平与腐败指数呈显著的正相关关系,即地区教育水平越高,腐败程度越高。人口规模与腐败程度显著正相关,即人口越多的地区腐败越严重。贸易开放程度与 Corrupt 显著负相关,也就是说地区贸易越开放,腐败发生的概率越小。外商投资水平与腐败关系不显著。财政供给率的回归系数显著为正,说明地方财政资金越充裕,越有可能发生腐败案件。政府换届与腐败发生的关系不显著。

(三)审计问责对政府信息公开的影响

本部分检验审计问责的三种功能对于政府信息公开水平的影响,检验结果如表8-4所示。模型4.1检验审计信息功能对政府信息公开的影响,Lag_Info 的回归系数显著为正,说明审计问责促进了政府信息公开的数量,缓解公众和政府之间的信息不对称。不仅如此,审计还能够对政府发布信息的准确性进行鉴证,是公众了解到满足自身需求的、及时的、可靠的信息。模型4.2和模型4.3检验审计直接处罚和配合处罚功能对于政府信息公开的作用,结果显示 Lag_Pun 和 Lag_CoPun 的回归系数都不显著。模型4.4将审计的信息功能和处罚功能放置在一个模型中,比较二者发挥作用的强弱,结果仍然是审计信息功能显著处罚功能不显著。说明审计问责促进政府信息公开,最主要是通过其信息功能实现的。

表8-4 审计问责与政府信息公开的实证检验结果

被解释变量 Disclosure	模型 4.1	模型 4.2	模型 4.3	模型 4.4
Lag_Info	0.02** (2.55)			0.021** (2.59)
Lag_Pun		0.011 (1.17)		0.016 (1.58)
Lag_CoPun			-0.01 (-1.22)	-0.014 (-1.64)
MI	-0.012 (-0.86)	-0.001 (-0.10)	-0.003 (-0.21)	-0.019 (-1.32)
GSize	0.033 (1.55)	0.026 (1.23)	0.023 (1.07)	0.036 (1.61)
Edu	0.001*** (3.75)	0.002*** (4.81)	0.003*** (4.85)	0.001*** (3.24)
LnPop	0.039 (1.02)	0.072* (1.95)	0.07* (1.91)	0.047 (1.20)
Tra	0.088** (2.01)	0.087** (1.96)	0.09** (2.04)	0.082* (1.86)
FDI	0.021* (1.78)	0.016 (1.38)	0.016 (1.32)	0.023* (1.93)
Sf	-0.159 (-1.01)	-0.272* (-1.81)	-0.241 (-1.58)	-0.11 (-0.69)
Elect	-0.086*** (-4.71)	-0.075*** (-4.17)	-0.072*** (-4.15)	-0.1*** (-5.14)
_cons	0.014	-0.277	0.402	-0.012

被解释变量 Disclosure	模型 4.1	模型 4.2	模型 4.3	模型 4.4
N	270	270	270	270
Wald Chi²	97.61	90.97	91.00	101.87
P值	0.000	0.000	0.000	0.000
备注	FGLS	FGLS	FGLS	FGLS

注:*、**、***分别表示在10%,5%以及1%水平上显著。

控制变量方面,市场化指数的回归系数不显著,说明审计独立性提高和市场化程度的发展未能显著促进政府信息的公开。现代经济条件下,市场是影响主体行为的重要因素。市场需求非常灵敏,随时受到经济、政治、社会、文化等各方面的影响而变化,这种变化能够影响价值规律和成本计算法则而左右政府信息公开。市场化指数系数的显著程度受到数据本身的影响,有可能不太准确,还有一种可能的解释是在我国的制度背景下,政府凌驾于市场之上,信息公开的水平更容易受到政府的指令影响。地区教育水平的回归系数显著为正,即地区教育水平越高,信息公开水平越高。学历较高的公众对信息的需求程度、接受能力和处理能力都较高,所以教育水平较高的辖区居民倾向推动政府公开相关信息。贸易开放度的回归系数显著为正,贸易越开放,政府信息公开越好。世界贸易组织保护大多数国家参加的贸易自由流动,为此做出两个方面的努力,一是消除国家间的贸易壁垒,二是保证政府信息的公开透明,因此贸易自由和开放会促进政府信息的公开。外商直接投资水平的回归系数显著为正,外商投资的考虑因素中信息的公开透明非常重要,因此外商直接投资改进了投资环境,促进了信息公开。然而,在政府换届年份,政府将精力更多地关注选举和两会事宜,政府信息公开水平显著降低。其他控制变量如政府规模、人口规模和财政自给率对政府信息公开的影响不显著。

第五节　稳健性检验

将地方政府财政支出中用于行政管理的费用比重大小作为行政管理费率的代理变量,表示腐败严重程度,发现结果变化不大。

将表示审计问责力度的变量进行滞后两期、三期处理,发现经济、政治和社会层面的结果都是稳健的。

第六节　本章小结

第七章实证结果表明,审计问责能够改进政府的决策行为,提升政府信息公开水平,然而遏制腐败行为的作用却不明显。本章将审计问责发挥作用的过程分解,研究审计信息、直接处罚和配合处罚功能改进政府行为效果。对于政府决策和信息公开行为,考察哪一种功能的作用更显著,并且探究审计问责腐败治理效果不佳的原因。

第一,审计问责改进政府决策有效性,主要是通过信息和直接处罚功能实现的,配合处罚功能发挥的作用不显著。但从回归系数看,信息功能的系数要大于处罚功能,说明提升一个单位的信息功能对政府决策有效性的改进作用大于提升一个单位处罚金额的作用,在审计信息方面多投入资源和努力产生的效果更好。

第二,审计问责遏制政府渎职腐败行为的作用不显著,是因为构成审计问责的三个分项指标——信息、直接处罚和配合处罚的功能都未发挥作用引起的。尽管审计信息对于遏制腐败并不显著,但是t值仍较大,假如审计在提供信息时对内容稍加调整,使其更有遏制腐败的针对性,那么审计信息对腐败的治理作用将会体现出来。审计直接处罚产生的警示和威慑作用十分微弱。而审计机关移交司法、纪检和其他有关部门的案件和人员数量与政府行为的改进之间关系也不显著,这说明仅仅增加移交案件的数量和人员,并不能显著提升审计问责的治理效果,而同时也应该考虑从移交案件之后各部门是否形成问责合力,进一步参与、督促问责结果的后续处理,从而完善国家审计问责机制,增强治理效果。

第三,审计问责促进政府信息公开,主要是通过信息功能实现的,审计处罚功能(包括直接处罚和配合处罚)作用不显著。

本章结论具有重要的研究意义。第一,进一步验证了国家审计的信息理论,证实了信息在审计问责改进政府行为过程中的关键性作用。国家审计的信息理论认为,问责是国家审计自产生之日起就带有的功能,其最重要的基础是对履行责任的如实报告,而报告的实质是信息。由于国家审计的处理处罚能力十分有限,因此主要是通过信息权力提供高质量信息和报告明确责任主体是否尽责的信息,鉴证政府行为是否符合公共受托责任的要求。而实证结果也显示,国家审计发挥改进政府行为、推动国家治理的功能,以信息为主,以处罚为辅,从而证明了我国国家审计机关权力配置①向信息方面倾斜的重要性

---

① 我国的现实国情是,《审计法》和《审计法实施条例》及有关法规赋予了审计机关的审计权限包括:要求报送资料权、检查权、调查取证权、建议纠正处理权、通报或公布审计结果权、提请协助权等。与处理处罚相关的权力只有处以一些罚金和移交其他部门处理等。审计信息和处罚权力之间存在严重的不对称。

和正确性。虽然信息和处罚权力之间存在严重的不对称,但符合我国国家治理实践和政府行为影响因素的基本规律。对于审计信息功能需要不断地加强与巩固,国家审计权力可以在很大程度上向信息功能倾斜。

第二,发现了审计问责腐败治理效果不佳的原因。尽管信息对于遏制腐败并不显著,但是t值仍较大,假如审计在提供信息时对内容稍加调整,使其更有遏制腐败的针对性,那么审计信息的作用可能会发挥出来。而信息内容缺乏针对性、信息数量少、信息公开水平低,审计处罚威慑力度差,以及审计机关与其他问责部门的协作配合机制不完善可能是引发屡审屡犯的原因。

现有研究大部分只对审计问责的构成要素进行理论层面的分析。

本章最大的创新体现在证实了审计信息对政府行为的改进作用更好,以及发现审计问责腐败治理效果不佳的原因。

第九章

研究结论和政策建议

第一节　本书主要研究结论

基于理论和实证层面的分析,本书得到了以下几个方面的结论:

一、基于理论层面的分析,国家审计发挥问责功能,是依靠信息保障、处罚和配合处罚三种功能程序实现的。审计问责服务国家治理,是通过间接作用于影响经济、政治和社会治理效果的政府行为实现的。

二、基于实证检验,获得了国家审计问责服务国家治理的现状。审计问责能够促进经济和社会领域国家治理目标的实现,对于提升政府效率的功能不显著。而审计问责作用于国家治理,并不是通过公众普遍认为的遏制腐败来实现的,审计问责的腐败治理效果并不显著,更多的是依靠促进宏观调控政策的有效性和政府信息公开程度,来推动经济的发展和公众参与。具体体现在:第一,审计问责能够保障国家宏观调控政策的落实,不仅仅对决策所需信息本身的实时性和可靠性进行审查,而且通过提供信息对宏观调控政策产生影响,从而间接参与经济治理。第二,审计问责推动政府信息公开,信息的完备促进了公众和政府之间的良性互动。通过对政府信息权威性和专业性的鉴证,保证政府信息的完整性和真实性,弥补了公众参与治理过程中权威上的缺陷、权限上的缺陷、全局掌控能力的缺陷、相关领域专业技术的缺陷等。总之,尽管审计问责的腐败治理效果不显著,但是仍然在国家治理中发挥着举足轻重的地位。

三、对审计问责改进政府行为是否有效的原因进行挖掘,发现对于政府决策行为,提升一个单位的信息功能对政府决策有效性的改进作用大于提升一个单位处罚金额的作用。对于遏制腐败,审计信息和审计处罚发挥的作用都不显著,但审计信息的t值较大,假如审计在提供信息时对内容稍加调整,使其更有遏制腐败的针对性,那么信息的功能将会体现出来。对于政府信息公开,主要是通过信息功能实现的,审计处罚功能(包括直接处罚和配合处罚)作用不显著。可见,国家审计发挥改进政府经济人的行为、推动国家治理的功能,以信息为主,以处罚为辅。关于责任人的信息数量少、质量不高、公开水平差,处罚威慑力度不足,以及审计机关与其他问责部门的协作配合机制不完善是引发审计问责腐败治理效果不佳的原因。

四、由于审计信息对政府决策行为和信息公开行为的促进作用显著大于审计处罚,在针对决策制定、执行和政府的信息公开情况进行审计时,我国国家审计权力配置和工作力度可以在适当程度上向信息功能倾斜。我国的现实国情是,《审计法》和《审计法实施条例》及有关法规赋予审计机关的审计权限中,与信息获取、处理和公开的权限很多,而处罚权力却很小。从审计机关的工作情况看,审计信息力度为47.11%,直接处罚和配合处罚力度总体占审计过程的52.89%。然而事实证明，从实证结果看，加大审计信息力度对政府行为影响的重要性显著高于加大处罚力度。信息和处罚权力的配置符合我国国家治理实践和政府行为影响因素的基本规律，但对于审计信息方面的工作力度需要不断地加强与巩固，国家审计权力和审计人员的注意力可以在适当程度上向信息功能倾斜。

第二节　完善国家审计问责机制的几点建议

根据理论和实证分析的结果，本书提出了完善国家审计问责机制的建议，以使其更好地服务国家治理。

一、强化和完善国家审计决策服务功能，提升公共资源的配置效率

宏观政策影响着下一年甚至未来几年的经济走势和调控方向，国家审计服务国家治理，应建立民主、科学的审计决策服务机制。

第一，审计机关要参与编制政府资产负债表的有关政策和标准的制定，评价政府的财政状况和可持续财政支持能力的分析，帮助被审计单位改进报表的信息质量，为管理者提供决策支持。

第二，进一步强化协助政府实现宏观经济调控目标的作用，主要是发挥国家审计对不同部门、不同行业、不同领域审计中所掌握信息的综合性和可靠性优势，下力气在及时性和专业性方面加以改进，揭示国民经济运行中的重大风险，把握改革深化过程中存在的重大风险，建立起微观问题宏观化分析的队伍和工作制度。

第三，建立由国家审计领导人、主要经济部门负责人、相关单位领导人、经济学家、管理学家、科学家等融为一体的国家经济安全和发展的审计"智囊团"，集众人之智，对事关国家经济发展和安全审计的重大问题进行集体讨论、科学决策。

第四，强化国家审计高层领导人的职业化建设。国家审计能否在国家战略顶层设计中占有一席之地，审计首脑的个人能力至关重要，决定着能否为宏观经济治理提供前瞻性、预测性的意见和建议。因此，应加强审计高层领导人的职业化建设，培养其专业素质、创新性和宏观把控全局的能力。

二、建立和健全审计机关与其他问责部门的协作配合机制，提升腐败问责效果

由于本书研究发现审计机关移交司法、纪检和其他有关部门的案件和人员数量与政

府行为的改进之间关系不显著,这说明仅仅增加移交案件的数量和人员,并不能显著提升审计问责的治理效果,而同时也应该考虑从移交案件之后各部门是否形成问责合力,进一步参与、督促问责结果的后续处理。因此,增强国家审计的监督功能,要完善审计处理处罚决定执行机制,不断加强纪检、监察机关和审计机关在查处案件中的协作配合,增强治理效果。

国家审计与司法、纪检、监察等其他部门在各自的工作过程中,都有一定的局限性,不能面面俱到。审计机关的工作范围广泛,无论有无违法违纪,都要进行常规审计,对个人责任重视不够。纪检、监察、司法等工作范围较窄,只对违法犯罪者进行立案查处,追究责任。而人的自利属性是腐败产生的根源,政府责任的履行大部分都是依靠个人实现自己的岗位职责来实现的。因此,国家审计进行监督,要着眼于人,责任也必须落实到个人才能有更好的威慑和警示效果。

国家审计、纪检、监察等部门之间相互配合,才会成为查处案件的有机整体,惩治腐败也会更有效、及时。一方面,实现优势互补,另一方面,使审计成为纪检检查工作关口前移的重要环节。一是认识上要一致,要充分认识国家审计与纪检等其他部门联合查案办案的必要性和重要性。二是工作上的联合,审计机关与纪检、监察等部门经常互通情报,定期或不定期商讨查处违纪违法案件的情况,及时调查取证,使已暴露的违法违纪问题得到及时查处,堵塞漏洞,提高办案效率。三是加快建立相关的法规制度,促进国家审计在问责中与其他部门的协调,保证部门之间工作相互配合,有章可循,使各部门之间的工作协调走向制度化、规范化的轨道。

三、加快建立服务群众的审计平台,加强审计信息的公开,作为沟通政府与群众关系的桥梁

审计信息平台的建立对于促进政府信息公开和公众参与具有显著的功效。而国家审计面临的最大问题,就是如何能够进一步拉近服务群众的距离,比如,加大对已建立沟通平台的宣传,深入群众开展活动等。一方面,通过各种方式让公众参与到审计的立项、执行过程中,并提升公众对审计、审计准则的了解和审计信息的解读能力。另一方面,建立审计结果公众反馈分析制度,关注和分析对审计结果公告信息的媒体及公众反应,形成定期的分析报告。通过跟踪审计、小型论坛等方式,推动公众参与,既可以进一步发挥审计在建设学习型组织的作用,又可以与新型国家治理模式相适应,使得审计信息构成从公众向审计机关的反馈,把公众参与这种形式从传统的单向关系向双向关系发展。审计信息为社会团体和公众提供了有关政府行为的信息,如平行问责的进程、政府的绩效

报告等,审计信息的公开推动了政务的公开,可以增强政府工作的透明度,公众也可以通过审计部门获得政府活动的可靠数据,并进一步提供有价值的线索来启动问责。因此,国家审计问责的重点应放在问责信息报告的公开,将社会公众最关心、最现实的问题列入公开的内容。此外,对于政府信息的公开要进行持续性的监督,使公开为常例,不公开为特例。

四、继续保持国家审计的信息优势,使其成为国家审计在问责进程中特有的"风景"

审计信息对于改进政府决策有效性、揭露腐败和促进政府信息公开的进程中发挥着十分重要的作用,要继续从提供信息的数量、质量和公开水平上保障信息功能的发挥。

第一,加强国家审计的信息功能,从质量和数量上对信息予以保证。数量意味着增加国家审计信息的宽度和广度,增加覆盖面,切实在各个领域体现国家审计的信息权力。改进质量是指提高已发布信息的信息含量,对被审计单位所存在问题的针对性和改进建议被采纳的概率,增加信息对社会公众的可辨识度,进一步提升国家审计问责的力度。

第二,改进审计结果公告的力度和内容。国家审计结果公告制度已成为国际通行做法和保障执政为公、审计为民的重要措施,是审计工作的一个必要程序,甚至有些国家的审计结果报告通过国际互联网在世界任何地方都可以查看到。这种使关系到社会公众切身利益的审计结果公开、透明的做法,维护了社会公众的知情权,是对纳税人知情权的尊重。然而,目前我国的审计机关出于维护社会利益和自我保护的双重需要,可能会对审计结果公告采取过度谨慎的态度,导致部分可以公告、应该公告的信息未能及时向社会公告,形成对社会公众审计工作知情权、审计信息获取权的一种剥夺。无论从数量还是内容来看,都无法满足公众参与治理的需求。只有加强对审计结果公告数量和内容的改进,才能构造信息由被审计机关、审计报告使用者和公众向审计机关的反馈回路。

第三,强化国家审计的"信息"发言权。目前,国家的审计机关作为国家治理的监督系统中不可或缺的一部分,其作用不可忽视,然而国家审计信息功能的发挥却得不到政府部门的广泛接受。因此,应当增加国家审计机关对政府各个部门制定的有关信息披露内容、方法、制度和信息质量标准方面发言权。比如审计署应当推动和参与国家制定公共资源获取、占有、配置和使用方面信息披露制度,督促这些制度的落实与完善,再比如,在会计和审计的相关法律法规制定过程中,审计机关应当在信息权力的相关部门有更多的话语权。

五、从国家审计体制改革的角度,加强国家审计机关与国家最高权力机关 (全国人民代表大会)的直接联系

审计系统是一个财会、信息化多种专业人才聚集的部门,有着强大的决策服务能力。如果如此强大的信息服务和监督队伍能够与国家的最高权力机关和政策审批部门紧密配合,那么国家治理的效率和效果将大大提升。全国人大在多大程度上开展对财政预算监督和政策的制定、审批,首先取决于它能够在多大程度上及时、准确地掌握政府及其各个部门活动的信息以及各种收支信息。国家审计提供的信息质量保障,一方面服务于决策,另一方面,也起到监督作用(强化和改进报告责任)。此外,只有将"看不见的政府"变为"看得见的政府",人民以及人民的代表才有可能对它进行监督。从信息服务的角度,国家审计最具特色,专业性最强,加强审计部门与最高权力机关即立法部门(全国人民代表大会)的联系,可以提高审计部门的法律地位和权威,有利于审计部门保持其独立性以便更好地履行职责,并借此加强人大决策和监督的力度。

第三节　研究局限与未来研究方向

限于有限的时间、人力和能力,本书的研究还存在如下不足:

第一,实证研究样本较少,研究范围不广。本书研究样本来源2003年—2013年相关数据,由于审计年鉴出版的延时性,对于2013年以后的地方审计机关数据未能获得,因此最多只获得了330个面板数据,样本量相对大样本实证来说比较少。此外,本书的研究实证只针对省级面板数据进行检验,没有考虑市级和县级的数据。

第二,审计问责服务国家治理的机制框架理论分析不全面,没有考虑文化和环境方面的治理。本书研究审计问责对于国家治理的作用,并将国家治理内容转化为经济治理、政治治理和社会治理三大领域,一方面是基于理论和现实的需求,另一方面也是由于数据的可得性。然而,理论和实务界对于国家治理领域的划分说法是不一的,最为权威的是党的十八大提出的"要全面落实经济、政治、文化、社会和生态文明建设总体布局",将国家治理划分为经济、政治、文化、社会和生态文明建设,本书只是针对国家治理的部分内容进行研究,关于审计问责对文化和生态文明建设的作用没有考虑,虽然系统但是有失全面性。

第三,政府行为的选择具有典型性,但是并不全面。本书研究只选取了在经济、政治和社会领域具有较大影响的三种行为结果,但是政府行为的种类太多,除决策、腐败和信息公开以外,创新行为、竞争行为和其他行为等都会对经济、政治和社会治理产生重要的影响,因此对于政府行为的选取具有理论支持和典型性,但是并不全面。

本书对国家审计如何发挥问责功能和审计问责如何实现国家治理目标进行理论和实证层面的研究,但是研究还不够深入,待后续的中国审计年鉴出版后,完善地方审计机关信息功能和处罚功能数据的收集加工,不同类型政府行为对于不同领域国家治理的交叉影响,以及在审计问责治理效应的影响因素:

第一,研究政府信息公开行为和其他类型政府行为是否能够作为经济发展水平的中介变量。本书实证发现审计问责促进经济发展,而政府决策行为是这一进程的中介变量。但是,政府决策行为并不是审计问责服务经济发展唯一的中介变量,其他类型的政府行为结果如政府廉洁和透明度等,也可能对经济发展有着重要的作用。此外,政府信息公开、决策有效性也都可能对政府效率产生影响,政府腐败行为和决策也有可能对公众参与有影响。进一步的研究将做深入的验证。

第二,拓展和深化审计问责全面服务国家治理机制的研究。考察审计问责对于文化和生态文明建设的作用,使审计问责的目标实现机制框架更为完整。

第三,研究分析审计问责治理效应的影响因素,如审计人员数量、独立性、审计人员专业性等。本书只研究了审计信息力度和处罚力度对于审计问责治理效应的影响,进一步的研究应将影响信息和处罚力度的审计资源要素和审计能力要素考虑进来。

第四,在第七章实证的基础上,增加控制变量,使结果更加准确。如将各省份按照东部、中部和西部地区分组检验,或加入虚拟变量——八项规定[①],研究八项规定出台前后,审计问责对于腐败的治理效果是否有所变化。

[①] 关于改进工作作风,密切联系群众的八项规定是中共中央政治局2012年12月4日召开会议确定的。会议审议通过了中央政治局关于改进工作作风、密切联系群众的八项规定。由于《审计年鉴》的滞后性,关于地方审计机关的统计情况只能获取至2012年,对于八项规定的影响结果还不能体现出来,因此,本研究未能有效控制"八项规定出台"这一重要的变量。

主要参考文献

[1]北京师范大学管理学院,北京师范大学政府管理研究院.2011中国省级地方政府效率研究报告——新公共管理视野下中国省级地方政府的投入与产出[M].北京:北京师范大学出版社,2011.

[2]北京师范大学管理学院,北京师范大学政府管理研究院.2012中国省级地方政府效率研究报告——消除社会鸿沟[M].北京:北京师范大学出版社,2012.

[3]北京师范大学政府管理学院,北京师范大学政府管理研究院.2013中国省级地方政府效率研究报告——腐败对政府效率的侵蚀[M].北京:经济管理出版社,2013.

[4]蔡春,朱荣,蔡利.国家审计服务国家治理的理论分析与实现路径探讨——基于受托经济责任观的视角[J].审计研究,2012(1):6-11.

[5]陈汉文,韩洪灵.审计理论[M].北京:机械工业出版社,2009.

[6]陈希晖,陈良华,李鹏.国家审计提升政治信任的机理和路径[J].审计研究,2014(1):18-23.

[7]樊纲,王小鲁,朱恒鹏.中国市场化指数:各地区市场化相对进程2009年报告[M].北京:经济科学出版社,2010.

[8]樊纲,王小鲁,朱恒鹏.中国市场化指数:各地区市场化相对进程2011年报告[M].北京:经济科学出版社,2011.

[9]冯均科.审计问责:理论研究与制度设计[M].北京:经济科学出版社,2009.

[10]公婷.问责审计与腐败治理[J].公共行政评论,2010(2):69-84.

[11]郭庆旺,贾俊雪.地方政府行为、投资冲动与宏观经济稳定[J].管理世界,2006(5):19-25.

[12]国际货币基金组织(IMF).财政透明度[M].北京:人民出版社,2001.

[13]赖诗攀.问责、惯性与公开:基于97个公共危机事件的地方政府行为研究[J].公共管理学报,2013,10(2):18-27.

[14]刘家义.中国特色社会主义审计理论研究[M].北京:中国时代经济出版社,2013.

[15]彭华彰,刘晓靖,黄波.国家审计推进腐败治理的路径研究[J].审计研究,2013(4):63-68.

[16]树成琳,宋达.国家审计效果、政府行为与市场化进程——基于中介效应理论的实证分析[J].审计与经济研究,2015(6):11-18.

[17]谭劲松,宋顺林.国家审计与国家治理:理论基础和实现路径[J].审计研究,2012(2):3-8.

[18]唐天伟.政府效率度量[M].北京:经济管理出版社,2009.

[19]俞可平.治理与善治[M].北京:社会科学文献出版社,2000.

[20]张立民,崔雯雯.国家审计推动完善国家治理的路径研究——基于国家审计信息属性的分析[J].审计与经济研究,2014(3):13-22.

[21]张立民.国家治理视角下的国家审计信息观[J].会计之友,2014(36):4-9.

[22]张文秀,郑石桥.国家治理、问责机制和国家审计[J].审计与经济研究,2012(6):25-32.

[23]郑石桥.政府审计对公共权力的制约与监督:基于信息经济学的理论框架[J].审计与经济研究,2013(1):11-18.

[24][美]C.W.尚德尔著.汤云为,吴云飞译.审计理论[M].北京:中国财政经济出版社,1978.

[25][美]弗郎西斯·福山著.黄胜强,许铭原译.国家构建:21世纪的国家治理与世界秩序[M].北京:中国社会科学出版社,2007.

[26][美]詹姆斯N.罗西瑙著.张胜军,刘小林等译.没有政府的治理[M].南昌:江西人民出版社,2001.

[27][西班牙]斯达德勒,卡斯特里罗著.管毅平译.信息经济学引论:激励与合约[M].上海:上海财经大学出版社,2004.

[28]Committee on Basic Auditing Concepts, A Statement of Basic Auditing Concepts[M].American Accounting Association, 1973.

[29]Jenkins, R. The Role of Political Institutions in Promoting Accountability [A]. In Shah, A. Ed. Performance Accountability and Combating Corruption[C]. Washionton D. C.: World Bank, 2007.

[30]Laffan, B. Auditing and Accountability in the European Union[J].Journal of European Public Policy, 2003, 10(5):762-777.